それぞれ「性」のあり方を
自分らしく生きる14人の物語

となりのLGBTQ+

著 染矢明日香　マンガ みすこそ

かんき出版

プロローグ
染矢明日香の場合：おとなりさんたちとの出会い

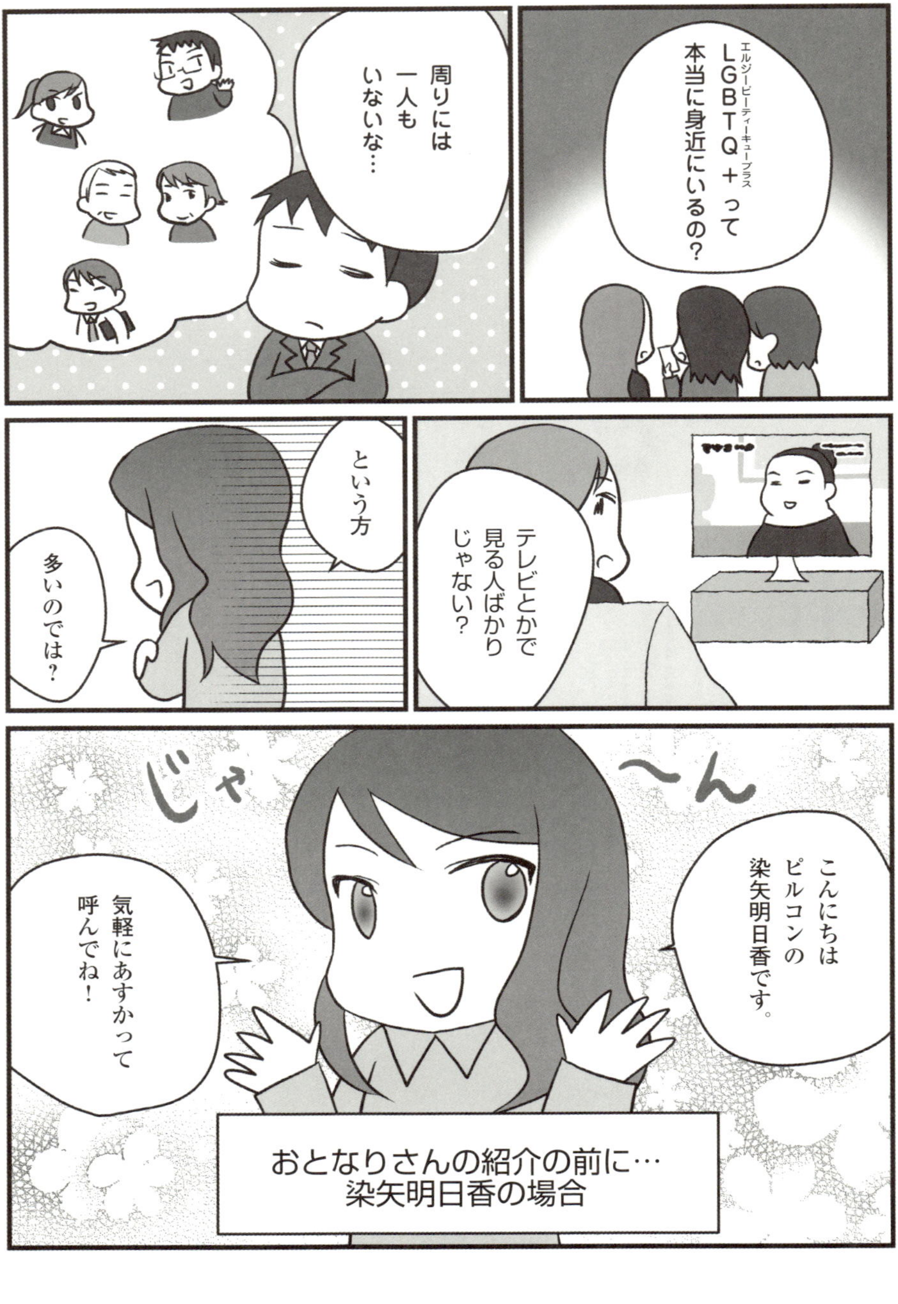

中高生向けや保護者向けの性教育の講演活動や情報発信を行うNPO法人ピルコンの代表として活動しています
オトコの子の性
10代の不安・悩みにこたえる性の本
セイシル
性教育充実へ
染矢 明日香
私は大学生の時に思いがけない妊娠と中絶を経験した一方で
性を通して楽しさや幸せを感じることもあり
もっと性のことをきちんと知る場を作っていきたいという思いで
日々、身近に思える話題から性についての情報発信をしています！

実は私も10歳ころ、体の性への違和感がある時期がありました
オレ
男子とよくあそぶ
違和感は一時的なものでしたが、「LGBTQ+」について大きく見方が変わるようになったことがあります
私が大学生だったころ、新宿二丁目にて…
キイ…
あんた…
ここ、どんな人が来るとこか知ってる？
大学の授業で二丁目の研究を…
してまして…
みなさんにヒアリングをぜひ…
えーアタシたちが研究対象!?
ウケる~!!

ちょっとみんな面白いコがいるわよ
おーどうしたどうした
二丁目の皆さんはこんな私を温かく迎えてくれました
どういう人が好き？
あの人雰囲気いい！
ガーン
私も！あすかとかぶるなんて…！
ところで会社の人にはゲイって話してないの？
いやいや会社じゃキャラ違うし
無理
だからここに飲みにきてるんじゃん
異性愛者の自分が見ている世界観と全然違うことに気づかされました
親にゲイって打ち明けたら大丈夫、その病気治るよと真面目に言われたこともあるしそんな経験するとね…
ましてや会社にカミングアウトなんてね…
LGBTQ+が「身近にいない」のではなく「気づいていない」「受け入れると思われていない」現状があるのかなと思いました

それから性教育に
かかわるようになり、
さらに
さまざまな性のあり方
の人と出会い、
お話をする機会も
増えました
まめたさんや
きのコさん等、
活動のなかで
知り合ったり…
皆さんの
おとなりにも
もしかしたらいる
かもしれない
リアルで等身大な
多様な性の
あり方を持つ人たち
そんな彼らのことを
ここで話してもらえる
ことになりました
一緒にカフェで
お茶をするような
感じで聞いてみて
ください
Cafe

はじめに

皆さんのとなりにいる人は、どんな人ですか？

突然、質問をしてすみません。

はじめまして、私はＮＰＯ法人ピルコンで代表をしている染矢明日香と言います。

ピルコンは、性教育や性の健康に関する啓発活動を行っている団体です。

さて、私の周りには、いわゆるＬＧＢＴＱ＋と称される人々がたくさんいます。

それって、「染矢さんだからでしょ」と思われたでしょうか？　そんなことはありません。

皆さんの周りにもＬＧＢＴＱ＋の方はたくさんいると思います。

ＬＧＢＴＱ＋とは、Lesbian（レズビアン＝女性同性愛者）、Gay（ゲイ＝男性同性愛者）、Bisexual（バイセクシュアル＝両性愛者）、Transgender（トランスジェンダー＝生まれた時に割り当てられた性別が自認する性別と異なる人）、Queer／Questioning（クィアまたはクエスチョニング＝性的指向・性自認が定まらない人・定めたくない人）の頭文字をとった略語で、いわゆる性的マイノリティ（多くの人とは異なる性のあり方を持つ人）の総称です。さらに、**多様な人々を含めて「ＬＧＢＴＱ＋」という表現が使われるようになってきています。**

けれど、不当な扱いや差別、からかいを恐れて、自分の性のあり方を打ち明けられずにいる人があなたのすぐとなりにいるかもしれないのです。

２０２３年、通称「ＬＧＢＴ理解増進法」が施行され、性別の取扱いに関する法律についても今後の改正へ向けた議論に注目が集まっていたり、また、政府へ同性婚を法的に認める動きも活発化したりしています。

このように、**制度として進んでも（まだまだ不十分に感じることも多くありますが）、それを導入・運用する人の意識が変わらなければ、本当の意味での理解は進みません。**

「これまで自分は何も困ることがなかった」

「身近に性的マイノリティはいなかったし、差別なんてしていない」

と思う人ほど、自分が知らず知らずのうちに「差別する側ではなかったか」を顧みる必要があると私は思います。

なぜなら、私自身も過去に無知や想像力の欠如のために周りの人を傷つけてきたという自覚があるからです。その問題のある言動は、ＬＧＢＴＱ＋に興味を持って、リアルな友人関係やつながりができ始めた時期にこそ多くあったと今では思っています。

自分の差別や偏見を正当化しようとするため、いわゆる「I have black friends（私には黒人の友達がいる）」論法で、「自分の友達に〇〇の人がいるから、〇〇を差別しない」という発言や態度をしていたように思います。

また、同性同士で法律上の結婚ができない友人カップルに対して、「それでも紙切れ（婚姻届）１枚のことだからね」「同性婚を認めて偽装結婚とか悪用されたらどうするの？」などと言ってしまったこと。

自分の性別について悩んでいる人に対して、見た目で判断するような言葉を発してしまったこと。

思い出しても反省するばかりで、申し訳ないことをしたと思っています。

たとえ、許してはもらえなかったとしても、あの時は本当にごめんなさい。

今でも、うっかり「よかれと思って」「悪気なく」、相手に対して差別的な言動をしてしまうことがあるかもしれません。

自分が誰か（しかも自分の大切な人）を傷つけてきたことを認めるのはつらいことではありますが、気づかずに人権侵害を続けてしまうことや、差別がある状況を看過することを私はなくしていきたいと思っています。

だから、この本を通して皆さんにＬＧＢＴＱ＋について、少しでも広く学んでほしいと願っています。

本書でご紹介するさまざまなライフストーリーから、「性の多様性と共に生きる人の視点に立って考えてみる」こと、またマジョリティも含めた、「全ての人が性のグラデーションの中で存在している」ことと向き合うきっかけとして役立てば幸いです。

著者

もくじ　となりのＬＧＢＴＱ＋

※取材者の肩書きや職業・活動等は取材当時のものです

カバーデザイン 西垂水敦・岸恵里香（karran）
本文デザイン・DTP 二ノ宮匡（ニクスインク）
マンガ みすこそ
協力 遠藤まめた

つの言葉を表しています。「Queer（クィア）」とは「変わった人」が元の意味とする、セクシュアル・マイノリティ全般を表した言葉です。「Questioning（クエスチョニング）」とは、自分の性のあり方をはっきりと決められなかったり、わからない人、または決めたくない人のことを指します。「+（プラス）」はその他の多様なセクシャリティも含めて表しています。

LGBTQ+の人たちは性自認や性的指向のあり方が多数派とは異なるという意味で、狭い意味でのセクシュアル・マイノリティと呼ばれることもあります。

一方で、性のあり方はグラデーションであり、明確な境目があるわけではありません。「LGBTQ+」という概念で多様な性のあり方の理解はある程度進んだという側面はありますが、「LGBTQ+の人（当事者）」と、「そうではない人（当事者ではない人）」で分かれるという考え方は、分断を加速させてしまう可能性があります。異性を好きになる人やシスジェンダー（出生時の性別に違和感のない人）を含め、誰もが多様な性のあり方を持つ当事者の一人として、性的指向と性自認を表す言葉として、SOGIE《ソジー》（Sexual Orientation & Gender Identity & Expression の略）という言葉が使われるようになってきました。

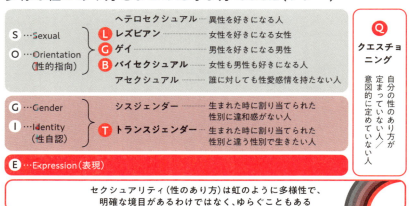

多様な性のあり方をまとめた呼び方：SOGIE（ソジー）

S …Sexual
O …Orientation（性的指向）

- ヘテロセクシュアル……異性を好きになる人
- L レズビアン……女性を好きになる女性
- G ゲイ……男性を好きになる男性
- B バイセクシュアル……女性も男性も好きになる人
- アセクシュアル……誰に対しても性愛感情を持たない人

G …Gender
I …Identity（性自認）

- シスジェンダー……生まれた時に割り当てられた性別に違和感がない人
- T トランスジェンダー……生まれた時に割り当てられた性別と違う性別で生きたい人

E …Expression（表現）

Q クエスチョニング
自分の性のあり方が定まっていない人／意図的に定めていない人

セクシュアリティ（性のあり方）は虹のように多様性で、明確な境目があるわけではなく、ゆらぐこともある

多様な性のあり方とは 4つの性の視点

多様な性のあり方を考え、知識を整理する時に役立つ4つの性の視点をご紹介します。

①生物学的な性(体の性)
②性的指向(好きになる性、どんな性別の人に惹かれるか)
③性自認(心の性、自分の性別をどのように認識しているか)
④性表現(らしさの性、服装やしぐさ、言葉遣いなど自分をどう表現するか)

近ごろでは、「L」レズビアン(女性同性愛者)「G」ゲイ(男性同性愛者)「B」バイセクシュアル(両性愛者)「T」トランスジェンダー(出生時の性別が心の性別と異なる人)という言葉の頭文字を合わせた「LGBT」という言葉が知られてきています。

また、「LGBTQ+」とも言われることがありますが、この「Q」とは「Queer(クィア)」もしくは「Questioning(クエスチョニング)」という2

多様な性のあり方・グラデーション

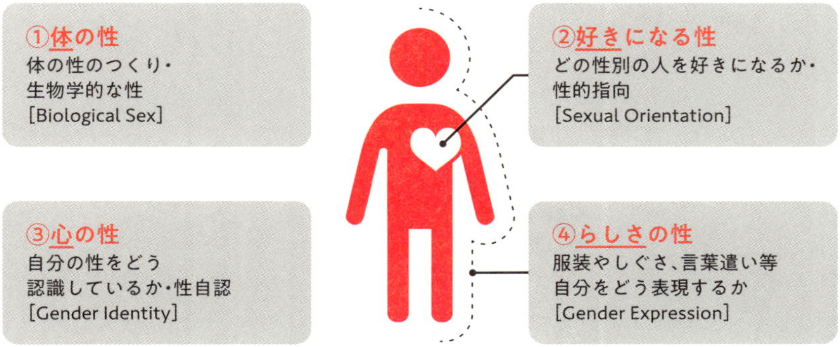
①体の性
体の性のつくり・
生物学的な性
[Biological Sex]
②好きになる性
どの性別の人を好きになるか・
性的指向
[Sexual Orientation]
③心の性
自分の性をどう
認識しているか・性自認
[Gender Identity]
④らしさの性
服装やしぐさ、言葉遣い等
自分をどう表現するか
[Gender Expression]

おとなりさん①　外山トム　生き方・家族の多様性って？

キーーーン
あっ
ごめん
つい
…いや 心の叫び しかと受け止めたわ…
さて 今回のおとなりさんは!
心の叫びを力に変えるこの人!
外山トムです~ デザイナーをしています
〈性のあり方〉
体の性:男性
自認する性:男性
好きになる性:男性
ぱぱーん
私たちはトムが大学生のころからの付き合いだよね
そう!僕が学生起業したころね
セクシュアリティの悩みがきっかけで起業したんだっけ?
うーん
そうだね…
起業したきっかけは昔の恋愛かなあ…
き…聴かせて!
恋バナ…!?
がばちょ

高校の時に付き合ってた先輩がいてね
先輩には彼女がいてくっついたり離れたりしてたんだけど
でも会ってしまえば
…やっぱり好きだ
キモイかもだけど好きなんだよね
ごめんね
やっぱ…
好きじゃなきゃ会わないよ

うわぁ…！
すごい話…
それで先輩が彼女と別れて僕と付き合うことになったんだけど いつか別れる前提で話をされるのがつらくて
そっかー
それで冒頭の回想部分のやり取りね…
さらに辛かったのは…
僕が女の子だったら結婚してた?
…してたよ
つ…つらいっ…
うっ
なあああんで好き合ってる人と一緒になれないのー!?
…ってなっちゃうでしょこれ!
ギャース!!
なるなる…！

じゃあ自分で
理想をかなえちゃおう
って思って
LGBTQ+の人が
結婚式を挙げられる
会社(※)を作ったの
セクシュアリティ
関係なく好きな人と
家族になれるって
最高だよね…
そういえば
ご家族とはどんな
感じ?
みんないい笑顔…
父親は中学校教員で
生徒指導をしてたくらい
厳格な人で…
スー
うわぁ
ちょっと
イヤな
予感
僕が中学生になった時
眉毛剃って細くしたら
お父さん激怒しちゃって
翌日罰として
油性ペンで眉毛描かれて
学校行ったよね!
ははは
ヒー
どうしたの
その眉!
お父さん行き過ぎ
な気がします!

※現在は別業種に変更

なかなか厳しいお父さんみたいだけどカミングアウトは大丈夫だった？
いや――…
あれはすごく緊張したよね！
LGBTQ+関連事業を始めたときに地元の新聞に取り上げてもらえることになったんだけど…
親が読んだら僕がゲイだってバレるじゃん…？
だったら掲載前に自分からカミングアウトしようと思って東京から8時間かけて地元に戻ったんだ
ただいま ごめんね 突然
ひさしぶりー
あらあら
急にどうしたの
ソワソワ
ドキドキ
ごはんごはんー
どうした何かあったのか
…
あの

実はね
僕は
男として生まれて
男の人を好きになる
いわゆる
ゲイという
やつで
あ、ゲイとして生きていて
仲のいい友達も
できたし
東京でも楽しく
過ごせているから
僕がこう育ったことに
申し訳ないと
思ってほしくない
…ってことを
知ってもらい
たかった
だけ
なんだけど
ドキドキ
たしかに

びっくりしているしショックだが…そりゃあお前の結婚式でスピーチするもんだと思っていたからな
だけど
お前がお父さんとお母さんの子であるのは変わらないだろう
ありがとう
ただ…
受け入れられるかどうか確証は持てないし時間が必要だ
…すまない
それは父さんの本心だったと思うんだ偏見とか妄想じゃなくて親がちゃんと目の前の自分に向き合おうとしてくれてたのがすごく嬉しかった
しかも、最後にこう言ってくれたんだよ
自分で決めた人生なのだから自信と責任を持って生きなさい

そっかー
戸惑いがあっても向き合おうとする姿勢を見せてくれると嬉しいね
すてきー
自分の親も完璧な存在じゃなくて普通に悩む一人の人間なんだなって思えたよね
家族とは今もいい関係が続いてるよ
家族といえば結婚して「家族」を自分は作れないって思いはずっとあったんだけど
最近子育ての一部に関わらせてもらえるようになってね
えーすごいどういうこと？
Ciftっていう生活の場を共有するコミュニティがあってさ
そこに数年前から暮らしてるんだよね
かわいいんだよこれが
どれどれ
マンションのワンフロアにそれぞれ部屋があってそこでは小さい子連れ家族もいてね
小さい子たちの子育てにかかわらせてもらえるようになったんだよね

子どもって
目を離した2秒とかで
想像もつかないこと
しでかして
ギャー
おりなさいー
目をはなしたら
いつのまにか
のぼってるんだよ
こうだよ
こう!
いやいや
わかる
全然気が抜けないよね
今まで人生って
結婚、子ども、家を
持って…って、一つの
ハシゴを上りつめるもの
だって思ってたけど
起業だって
できるし
できないと
思ってた
子育てに
かかわることも
できた
Myハシゴ
はコレ!
自分だけのハシゴを
決めることができる
んだよね
こうしたい
こうありたいって
自分の中から湧き上がる
感情に素直になれるって
いいなって
最近は思えるように
なったよ
ずっとやりたかった
マンガ執筆も最近始めて
さっき出版社に
持ち込みに行ったんだよね!
もちこみ
えっすご!

シーなども、幅広くより深く学んでいくことが必要です。

「包括的性教育」によって期待されることは、以下のような点があると言われています。

・誤った情報を減らすこと
・正確な知識を増やすこと
・ポジティブな価値観と態度を明らかにし、それを強めること
・正しい情報に基づく意思決定とそれに基づく行動のスキルを高めること
・友人や社会からの「こうあるべき」という価値観への意識を向上させること
・親や信頼できる大人とのコミュニケーションが促進すること

　また、「多様な性のあり方」を持つ人たちが、性別が二つしかないという価値観に基づいた（異性愛が前提の）性教育に、苦しさを感じていて心地よく学ぶことができないという課題もあります。

　私は、多様な性のあり方を尊重する社会になることを切に願っています。

包括的性教育（セクシュアリティ教育）

〈CSE：Comprehensive Sexuality Education〉

性を生殖・性交のことだけでなく、人間関係を含む幅広い内容を体系的に学ぶ

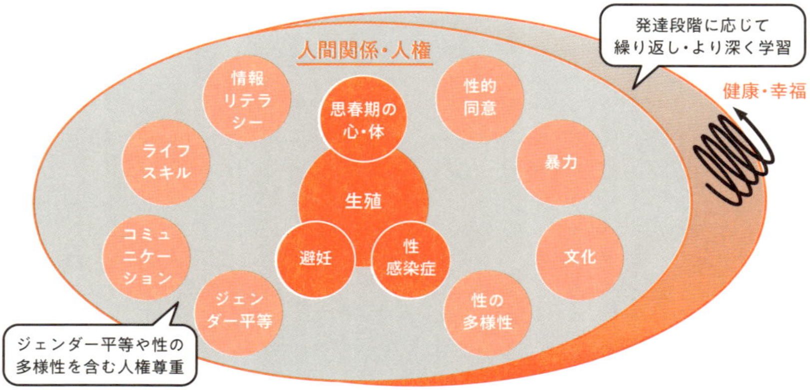

参考：『国際セクシュアリティ教育ガイダンス【改訂版】』ユネスコ、浅井春夫他（明石書店）
『教科書に見る世界の性教育』編著：橋本紀子，池谷 壽夫，田代 美江子（かもがわ出版）

Column1

包括的性教育って？

「性教育」と聞くと、生理用ナプキンやコンドームの使い方、性行為についての学習を思い浮かべる人も多いのではないでしょうか。また、性教育すること自体が「寝た子を起こす」などと言われ、子どもが性的関心を持つ前に教えると、性に興味を持ちリスクのある性行動につながるのでは？　と言う人もいますが、本当にそうなのでしょうか。

世界的には、人や性のあり方が多様かつ平等であることを前提として、幼い年齢から性にかかわる幅広いテーマを包括的に学ぶ「包括的性教育（Comprehensive Sexuality Education※）」が広がっています。ユネスコらが世界中の性教育を調査した上で『国際セクシュアリティ教育ガイダンス』にまとめていて、「早期からの人権教育は幅広い性教育が自分を守る知識を増やし、性行動を慎重化させ、子ども・若者たちの生涯を通じた健康や幸せを促進する力につながる」ことがわかっています。

すでに世の中にはインターネットやSNSなどでさまざまな性情報が溢れています。中には有害で誤ったものもありますが、生殖や性交だけではなく、性の多様性、ジェンダー平等、コミュニケーションや暴力、情報リテラ

性教育の国際スタンダードと日本の比較

		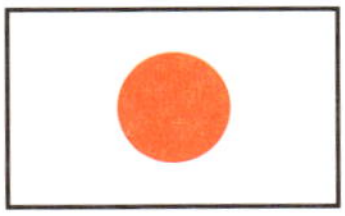
あり	性教育で扱う内容の最低基準	ない
年12～20時間 小学校～高校と繰り返し学ぶ	性教育の時間	年3時間 （中学校）
幼い年齢から人権教育として性に関することを幅広く詳しく学ぶ	性教育の内容	性交・妊娠の学習内容を制限する「はどめ規定」がある

※包括的セクシュアリティ教育とも言います

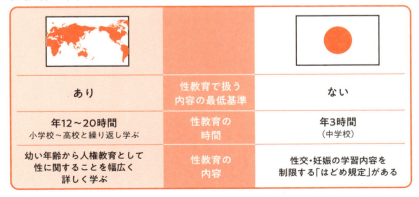

おとなりさん②にも　見つけた私らしさ

今回のおとなりさんは にもさん！
こんにちは 看護師として 精神科病棟 で働いています！
〈性のあり方〉
体の性：女性
好きになる性：あらゆる性別の人
自認する性：女性
にもさんは パンセクシュアルって 認識されてるんですよね
バイセクシュアル
はい 似た表現として バイセクシュアルが あって 『男性と女性を好きになる人』 なんですが それがしっくりこなくて…
私の場合 好きになる人の セクシュアリティが たまたまこうだった という感覚で…
男だから、とか 女だから、みたいに セクシュアリティは 問わないです
なるほど

前は性自認にゆらぎのある子とお付き合いしてたんですよね
そう、その子は体の性は男性だけど自認する性が日によって男性だったり女性だったりする人で
もともとSNSで知り合って女の子だと思ってやり取りしてたので
いい子だな——
体の性が男性だと打ち明けられた時はびっくりしましたけどね
この子からだは男だったの!?
二人でワンピース着てデートしたことあるんですけど
楽しかったなあ
あら〜
うちらがかわいいから見られてるんだよ〜
だよねえ

二人でランジェリーショップやかわいいカフェでデートして
楽しかったです
ねー
かわいいー！
おいしーね
これいいね
その日の性別によって触っていい場所が変わったりして
ここ、さわっていい？
今日はちょっと…
じゃあまたこんどね
そうやって相手の気持ちを確認するのはセクシュアリティ問わず大切ですよね
周りへのカミングアウトはどんな感じでしていますか？
今は YouTube に顔出しで発信してるから
知ってる人は知ってるけど
おっ●んずラブってしってる？
あれいいよね！
関連する話題を振ってみて否定的な人にはあえて言わないです
この人はだいじょうぶそう

家族も私の YouTube を 見て…
孫の顔は見たいけど にもは子どもができない 体ってことに しておくわ
…って言われて …
思うところは 色々あるけど 発信をやめてとかは 言われないし
とりあえず 受け止めて くれたんだなって 思うようにしてます
なるほど…
あと パンセクシュアルだって カミングアウトすると
『誰にでも 恋愛感情が いくの？』って 言われることも あるけど…
それってどんな 性別でも みんな好きって こと!?
いや… そうじゃ ないんだけど
彼女、異性愛者って ことは 男性全員に 恋愛感情もつのか、 とは言わない よね…
たとえ異性愛の人も 異性であれば 全員好きってことじゃ ないですよね

私の場合、ドキドキとかキュンとする感覚は正直少なくて
惹かれるのはその人の考え方や価値観で
性別がどうかというより心のつながりを大事にしています
相手も『彼氏』じゃなくて『パートナー』と呼んでるんですよね
はい 今は体の性も心の性も男性の人とお付き合いしていますが
その人とは男性だから付き合っているわけではないので…
私の恋愛相手は素の自分でいられてお互いの夢を応援し合う『パートナー』なんです
いいですね！
おたがい がんばろう！

自分の恋愛や性愛についてモヤモヤしている時ってどうしたらいいと思います？
まずは用語を検索してみるのがおすすめです！
LGBTQ+以外の分類のセクシュアリティも実はいっぱいあるんです
パンセクシュアル
好きになる人のセクシュアリティを問わない
他者に対して性的欲求（や恋愛感情）を持たない
アセクシュアル
デミセクシュアル
強い絆を感じる相手のみ性的欲求を持つ
クエスチョニング
自身の性自認や性的指向が定まっていない
なるほど、まずはキーワードからネットでいろいろと情報収集してみるのもいいかも！
今は、SNSで自分と似ている人をフォローしたりこの人なら安心できそうだなって人とメッセージのやり取りするのも一つの方法
当事者として情報発信しているYouTuberも増えてますよね

そして『自分の性がよくわからない』『決められない』っていうのも一つの答えですよね
そうですね
セクシュアリティって境目がないのが自然だし
ゆらぐのも自然なこと
自分が何者か悩んでしんどい時もあるかもしれないけど自分の考えを理解しようとして味方でいてくれる人がいると心強いと思います
うんうん
仕事場のなかま
ネットコミュニティの友だち
リアルの友だち
おとなの世界
中高生の時は世界が限られていたからそういう味方は見つけられなかったけど
大人になれば世界は広がります
あなたに似た誰かやあなたの味方になってくれる存在はきっといるはず！
なんて言っても世界は広いから！

期待して会ってみたけどガッカリするようなこともあるかもしれません。せっかく時間をかけて仲よくなったと思っても、急に連絡を絶たれたりドタキャンをされたりすることもあります。**どんな目的で使っているのか、お互いを尊重し合える関係かどうかを慎重に見極め、自分はどこまでがよくて、どこまでがダメかという境界線を考え、相手とも示し合うことも大切です。**そして、実際に会う時は「同世代の人に限る」「時間を区切り人目のあるところで会う」などを決めておいて、少しでもおかしいと思ったら帰るなど、リスクを減らす方法を考えてみましょう。

2. イベント・交流会に参加する

LGBTQ+ 関連のイベントや交流会も各地で開催されているので、こういった会に参加してみるのもいいでしょう。地域にもよりますが、映画観賞会やレインボープライドなどのイベントもありますし、LGBTQ+ フレンドリーを掲げるお店もあります。まずは顔出ししなくても大丈夫なオンラインイベントを探してみるのもいいかもしれません。また、自分のセクシュアリティについて開示するのは、安心できると思えるまで必要はありません。自分から声をかけるのは、なかなか勇気のいることかもしれませんが、まずはスタッフの人やみんなで話をしてみて気が合いそうだと思った人と連絡先を交換するなどしてみてもよいでしょう。

3. 支援団体やサークルに参加する

各地で LGBTQ+ に関する支援団体・相談窓口や、大学や職場でサークルがあるところもあります。それらに交流の機会がないか問い合わせてみるのもいいでしょう。**Column14にある支援先一覧も参考にしてみてください。**もし自分の地域や所属先によい団体がないと思ったら、自分で立ち上げるのも OK。さまざまな人と協力する立ち上げや運営を通して、新たな出会いを経験し、人間関係を深めることにも役立つでしょう。

LGBTQ+と出会い

自分と似たセクシュアリティの人、もしくは自分と異なるセクシュアリティの人と出会い、交流してみたいと思う人はどうしたらいいのでしょうか。

ここでは、LGBTQ+ の人に会いたいと思った時にできることを考えてみましょう。

自分はどんな人と出会いたいのか、どんな関係性を築きたいのか、自分の気持ちに向き合ってみると、探す際の参考にもなるはずです。

そして、特定のセクシュアリティについて知りたいと思った時、インターネットや SNS、書籍などが情報源になります。

もちろん、インターネットや SNS でインタビューやライフストーリーに触れることもできますが、実際に LGBTQ+ の人に出会いたい時にできる方法を紹介しますね。

1．SNS やアプリを使う

SNS やさまざまなコミュニケーションのアプリは、これまで出会ったことのない人と交流を広げるためにとても便利なツールです。匿名性を担保しながら、チャットやテキストで話してみて、気が合いそうであれば、通話や実際に会う約束を取り付けられることもあるでしょう。

最近では、LGBTQ+ フレンドリー、もしくは LGBTQ+ の人向けのアプリも登場しています。一方で、SNS やマッチングアプリにはリスクもあります。年齢やセクシュアリティ、写真について本当かどうかの保証がないことや、個人情報を聞き出してバラされたくなければ言うことを聞くように脅したり、搾取しようとしたりする人もいます。特に年齢差が大きい場合、年上の相手の言うことを聞かないといけないと思ってしまうのは自然なことです。親身に話を聞いてくれると思って信頼した相手だったのが、急に態度が変わって性被害や怖い思いをすることもあるかもしれません。

また、オンラインで得られる情報は、実際に会う時よりも限られるので、

おとなりさん③　なかけん　止まり木としてのセクシュアリティ

今回のおとなりさんは、なかけんさん！
こんにちは！若い人たちのお話を聞く若者支援の活動や動画編集などのお仕事をしています！
〈性のあり方〉
体の性：男性
好きになる性：なし
自認する性：男性でも女性でもない
なかけんさんは『アロマンティック・アセクシュアル』というセクシュアリティなんですよね
アロマンテック
アセクシュアル
そう、『アロマンティック』は誰かに恋愛感情を抱かないこと
『アセクシュアル』は誰かに性的に惹かれないこと
私は恋愛的にも性的にも誰かに惹かれることがないんだ
恋愛感情…
性的…
それってどんな感覚ですか？
くわしく知りたい
オッケー

私の場合 ドラマとかで 恋愛のシーンが 出てきても
全然ピンと こないんですよね
たとえば 中学校の時に 仲のいい友達から 告白を受けたことが あったんだけど…
なかけんの ことが好き… 付き合って!
当時の私は 『買い物に付き合って』 ということかな? と勘違いしてしまって 一緒にいて心地よいし もちろんOKと 思って…
いいよ
もちろん
ぱああ
そしたら数カ月経って 仲がよかったのに 距離を置かれるように なっちゃったんだ…
どうしてだろう…
そりゃそうだろ!
ガビーーン
え… どういうこと?
そ…そりゃおま…

付き合ってるのに進展がないとかありえなくない!?
ガーン
進展てなに!?…ていうか付き合うって恋愛的なものなの!?…
付き合ってるってことはそりゃ恋愛したいわけだしほら、手をつなぐとかハグするとかあった?
えぇー!?
あの時も恋愛的な意味で言ってくれてた…?
手をつなぎたいんだけど…
ん…て、
それよりね…
よくわからないまま大切な友達を失ったからショックでしたし
その子にも申し訳ないって感じましたね…
そこから私ってちょっと他の人と違うのかも?おかしいのかも?って思うようになりました
そして高校生になって接客のバイトを始めたのですが
それを決定づけることがあって

仕事後の飲み会で…
なかけんは彼女いるの？
えーと…
恋愛？とかよくわからなくって…
へーロボットみたいだね
たしかにー人間じゃないみたい
ガーーーン
ロボットって…
やっぱり、私っておかしいんだな…
ずっと悩んでいたことが溢れ出して家に帰ったら調べまくりました
doodle.com
Doodle
恋愛感情 ない わからない
アセクシュアル掲示板
アセクシュアルについての悩みや質問などを投稿できます
投稿する
!!
恋愛感情がないことのなやみってますか？
なのですが、彼には信頼感を感じています。
ートナーがノーマルで、恋愛感情がないこと

「恋愛するのが当たり前」という空気がほんと居心地悪い
「もったいない」「そのうちきっといい人が見つかる」ってなに？
自分にとっては「恋愛感情を抱かない」「性的に惹かれない」のが「普通」
これ…
私のこと言ってるみたい…
私の思考を言語化してくれてすごく驚いたのですが
同時に肩の荷が下りたんです
もう誰も私みたいな人間はいないと悩む必要がないんだって
ねぇ、『アセクシュアル』って見つけたんだけど…私これっぽい
お〜そうなんだ〜！
その後親友に伝えたのですが受け止めてくれて今もすごくいい関係が続いています
それはステキ！

私の別の友達はロマンティック・アセクシュアルというセクシュアリティで、恋愛感情があり性的に惹かれないという人がいるんですよ
恋愛感情を抱くか性的に惹かれるかは別々に考えるということも知っておいてくれたら嬉しいなぁ
『そのうちに目覚めるよ』と言われて傷ついたという声も聞いたり…
いつか君もエッチしたくなるさ
うーーん
『誰もが恋愛感情を抱き性的な魅力に惹かれる』という価値観に苦しむ人もいるともっと広まってほしいですね
セックスできない!?
好きだと言ってくれたじゃない!
好きなのは本当だけどそういうことをしたいわけじゃ…
愛情表現の仕方は人それぞれ!
うんうん

なかけんさんは恋愛はしないけど人と接するのが好きって言ってましたよね
そうそう！同じセクシュアリティでも一人で生きていきたいしそれが気楽って人もたくさんいるのですが私は人とかかわるのがすごく好きなタイプで
性のことでは悩んできたけど友達に助けられて生きてきました
私にはズッキーニがいるし
ズッキーニ!?
アセクシュアルコミュニティで使われている表現で
恋愛関係でも性的な関係でもないけど
深い心のつながりのある親密な関係性の相手のことを意味します
なるほど精神的なパートナーみたいな感じでしょうか？
そう、『付き合っている』って思われることがあるんですが、
恋愛的でも性的な関係でもなくすごく深い愛でつながっていて支え合いながら生きている大切な人ですね

穏やかで安定的な関係になりそうですね
アロマンティック・アセクシュアルを介してこういう愛のかたちや言葉を知れたのはよかったと思います
アロマンティック・アセクシュアルってなかなか自分で『コレだ!』と名乗るには勇気のいることだと思ったんだけど　なかけんさんはどうでした?
うん…そうだなぁ
このセクシュアリティって性的マイノリティの中でもさらにマイノリティの存在だから
アセクシュアルはLGBTQの中にふくまれてないな――…
たしかに恋愛しないとは断言できないしな――
情報が少なかったり周りに『いつかわかるよ』と言われると私が感じていることって嘘なのかなって自分を疑って悩んだ時期もありました
けど、今はアロマンティックやアセクシュアルを止まり木として考えてもよいんじゃないかなって思ってて

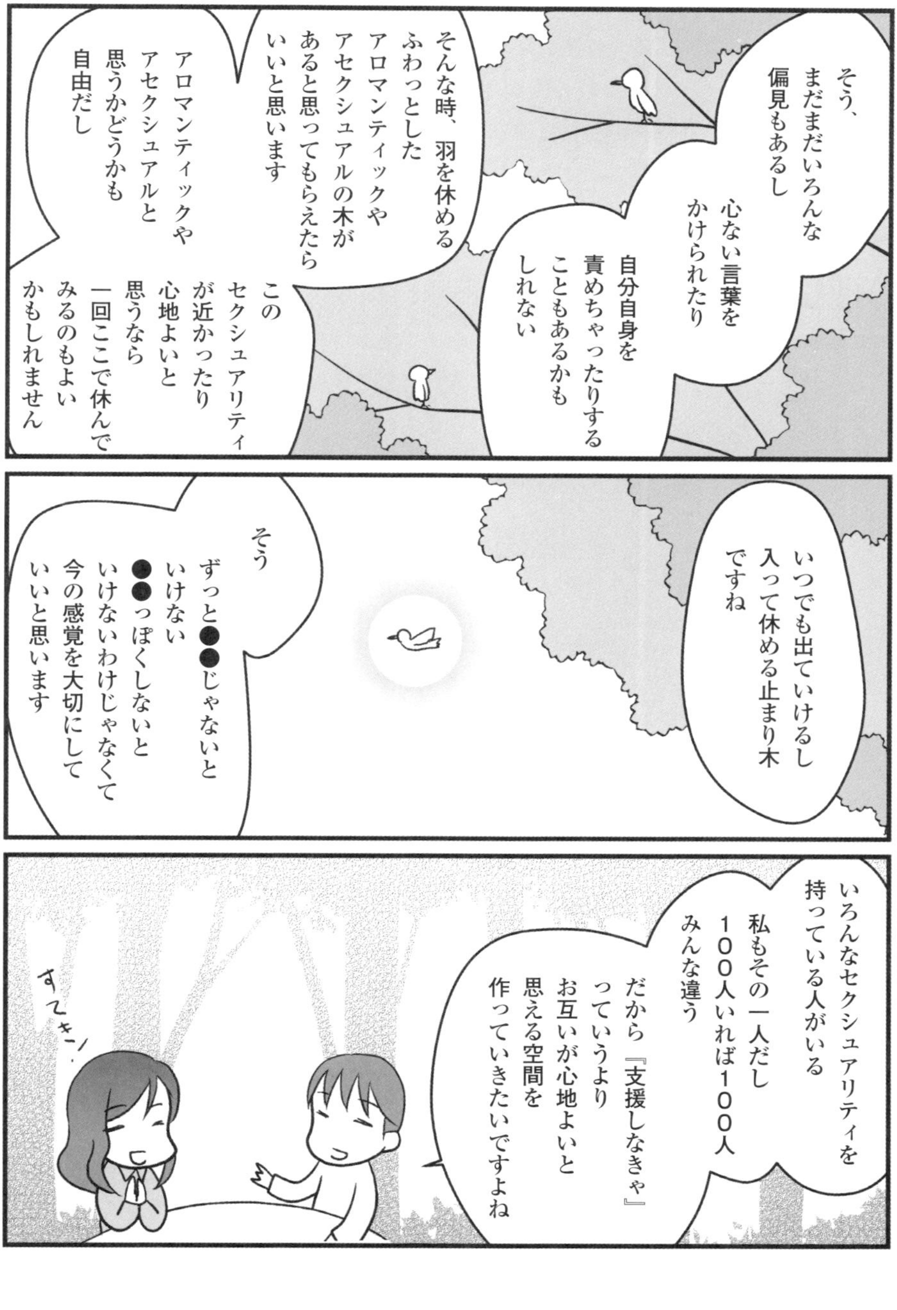
そう、まだまだいろんな偏見もあるし
心ない言葉をかけられたり
自分自身を責めちゃったりすることもあるかもしれない
そんな時、羽を休めるふわっとしたアロマンティックやアセクシュアルの木があると思ってもらえたらいいと思います
このセクシュアリティが近かったり心地よいと思うなら一回ここで休んでみるのもよいかもしれません
アロマンティックやアセクシュアルと思うかどうかも自由だし
いつでも出ていけるし入って休める止まり木ですね
そう
ずっと●●じゃないといけない●●っぽくしないといけないわけじゃなくて今の感覚を大切にしていいと思います
いろんなセクシュアリティを持っている人がいる
私もその一人だし１００人いれば１００人みんな違う
だから『支援しなきゃ』っていうよりお互いが心地よいと思える空間を作っていきたいですよね
すてきー!

【性自認】（心の性、自分の性別をどのように認識しているか）

シスジェンダー（出生時の性別と性自認が一致している人）、トランスジェンダー（出生時の性別と性自認が異なる人）、クエスチョニング・クィア（性自認がわからない・決めたくない人）の他にも性自認を表す言葉があります。

・Xジェンダー・ノンバイナリー

性自認が男・女のどちらにも当たらない、もしくはどちらにも当たる、どちらにも分類されたくないなどという人、性別二元論（性別は男性・女性の二つのどちらかである）に当てはまらない人。

・ジェンダーフルイド

性自認が固定されず、その時々によって変化する人のこと。

いかがでしたか？

まだ他にも性のあり方を表す言葉があります。自分に当てはまる言葉があると、情報を探す手がかりになり安心しますよね。

ただし、このような分類や言葉もあくまで言葉でしかなく、自分を無理に当てはめる必要はないですし、自分が当てはまらないからといっておかしいというわけではありません。

性的指向や性自認と、「自分がどう行動するのか」「自分をどう表現するのか」「自分のアイデンティティとしてどう向き合うのか」は、影響し合いながらもそれぞれが独立していることもあります。

途中で変わることもあれば、変わらないこともあって、その人それぞれのあり方が自然なのです。

Column3

さまざまなセクシュアリティ

多様な性のあり方には、いわゆる「LGBTQ+」に分類されないものもありますし、人生の中でゆらぐこともあります。

【性的指向】（好きになる性、どんな性別の人に惹かれるか）

レズビアン、ゲイ、バイセクシュアルの他にも、性的指向を表す言葉があります。また、性的欲求と恋愛感情はセットで考えられがちですが、必ずしも恋愛的な魅力と性的な魅力の感じ方は一致するわけではなく、それぞれ別という人もいます。

性的指向は「～セクシュアル」、恋愛的な指向は「～ロマンティック」と表現されます。

・パンセクシュアル／パンロマンティック

その人の性のあり方にかかわらず、性的／恋愛的な魅力を感じる人。

・アセクシュアル／アロマンティック

その人の性のあり方にかかわらず、性的／恋愛的に惹かれない人。

・デミセクシュアル／デミロマンティック

精神的に深いつながりを感じる相手にだけ、性的／恋愛的に惹かれる人。

・フレイセクシュアル／フレイロマンティック

関係が深くない相手に性的／恋愛的に惹かれる人。関係が深くない相手として、会ったばかりの相手や芸能人やアイドルなども含まれます。

・クワセクシュアル／クワロマンティック

自分が他人に抱く好意が、友情なのか、性的欲求／恋愛感情なのか区別がつかない、もしくはしない人。

おとなりさん④　かずえちゃん　カミングアウトは一度で終わらない

疲れるなぁ…
隠すことが
めんどうくさい
みんな
ごめんなさい
ごめんなさい
でも、僕は
男の子が好き
なんだ
今回のおとなりさんは
かずえちゃん！
どうも〜！
YouTuberとしての活動や
学校・会社での講演、
企業のダイバーシティ
推進担当を
しているよ〜
〈性のあり方〉
体の性:男性
好きになる性:男性
自認する性:男性

かずえちゃんは
どうして YouTuber に
なろうと思ったん
ですか？
僕はもともと
海外旅行が好きで
カナダにワーキング
ホリデーで3年ほど
いたことがあって
カナダは同性婚が
認められていて
ゲイであることを
隠さずに暮らせる
自由を経験したんだ
私のパートナーなんだー
はじめまして
思春期くらいから、
『他の人と違うのかな』
『ゲイは恥ずかしいこと、
隠さなきゃいけない』
とずっと思ってきたから
すごく衝撃的で！
かくさなきゃ…
だからこういう海外のことや
ゲイももっと幸せに
なれるってことを発信したく
なったんだよね
友達に相談したら
その友達が
YouTuber をしていて
自分もその影響で
始めたの
Youtubeで動画配信してみれば？
なるほど

そうだったんですね…
YouTubeで発信するのは勇気がいることじゃなかったですか？
当時はあまりゲイをオープンにしているYouTuberはいなかったんだよね
××××××・1日前
はじめてゲイの男性とお話ししました
LGBTQ+の人は身近にいません
31
こういうコメントをもらったこともあって…
近くにいないんだ…
カナダでの経験もあったし自分のセクシュアリティについて率直に発信していったんだ
私たちLGBTQ+はここにいます
突然の宣告
僕たちの結婚式
かずえちゃん | KAZ醤より
www.youtube.com/@kazuechan1101
もともと家族にカミングアウトしてたんだけど発信をどう思われるか心配で相談したら
『全然恥ずかしいことでも悪いことでもないよ』
私たちがついてる！
応援するわよ
って言ってもらえてね
ありがとう！
後押しになったんですね

そしてかずえちゃんは他のLGBTQ+当事者が出演する動画も作っていますよね
NYで暮らす日本人！僕はアメリカで男性と結婚…
「僕の身体は女だった。だから僕は男性器を作…
「私のお父さんはトランスジェンダー。」娘に…
同性カップル「彼女と子どもを作りたい。」
僕の人生最初のカミングアウトはTV番組だった。
僕にはママが2
おちんちんを作った元女
女でも男でもない私
そう、身近にこんなにいろんな当事者の人がいるよって届けたくてSNSやイベントで呼びかけたりして各地のLGBTQ+へのインタビューを配信しているよ
動画見ました知れてよかったです私に何かできることはありませんか？
わー ありがとう
って声かけてくれる人がいたりして嬉しいよね
かずえちゃん｜KAZ醤より
www.youtube.com/@kazuechan1101
2022 LGBTQ ALLY 100人からのメッセージ
100人カミングアウト
LGBTQ ALLY100人からのメッセージ
LGBTQ100人カミングアウト2021
LGBTQ100人カミングアウト2020
LGBTQ100人のカミングアウト2019
LGBTQ100人のカミングアウト2018
LGBTQ100人のカミングアウト2017！
people celebrate National Coming Out Day！
毎年10月11日の『カミングアウトデー』には100人以上の声を伝える動画をアップしているよ
すごいインパクト！
迫力！

自分は若い時に『自分みたいな人は他にはいないんじゃないか』と思ったり、
やっとのことでゲイの人と会って友達や恋人を作っても異性愛者のフリをしたり嘘をつかないといけないのがすごくしんどくて
お先に失礼しまーす
旅行って？あら彼女できたの？
お、彼女とデートって？
そ…そうなんだー
ま…まぁ
自分で自分のことを肯定できないのもつらいですよね
24歳で覚悟を決めて両親にカミングアウトした時…
ごめんなさい
ごめんなさい、でも、男の人が好きで…
お前が幸せだったらそれでいい
恥じることは何もない
自分らしく生きていていい
父にそう言ってもらえて、自分の心に柱がたったような気持ちになれた
いつも不安だった自分を支え、肯定してくれた言葉だったよ

でもその後しばらくして母から…
『まだ結婚しないの?』
『女の子と結婚すれば?』
って言われて一回じゃちゃんと伝わらなかったんだ〜と思ったりもして
うーーん
なかなか『ゲイ』って一言で言ってもイメージが人それぞれだったり思い込みがあったりしますよね
そうそうそれから僕の YouTube の動画を見て親もLGBTQ+について知るきっかけになったみたい
ゲイは治るものじゃないのね
海外ではゲイも結婚して子どもがいたりするのね
ゲイの人達って多いのねー
当事者ではない人や大人も学んで変わっていく人もいますよね

そしてかずえちゃんは今企業でも働いているんですか？
うん、会社内でのＬＧＢＴＱ＋研修をしたり各地でのイベントに参加したりしているよ
地元の福井で町の人たちや子どもと一緒にＬＧＢＴＱ＋を学ぶ会もしているね
そんな活動もあるんですね！
ＬＧＢＴＱ＋当事者の人も『そのままで、堂々と生きていていい』って思える社会にしていくために
これからもできることをチャレンジいきたいと思ってる！
みんなの声も聞かせてね！

て危険にさらされたり、「こうあるべき」と強制されたりする可能性があるかどうか。

誤解や偏見をもって受け止められることがあるかもしれません。もし、そんなことがあれば、状況や環境が変わるまで待つことや、相談機関や信頼できる人などのサポートを得ながら、どのように進めるかを考えることがおすすめです。

初めてカミングアウトをする相手は、多様な性のあり方について知識がある人や、好意的であるとわかっている人がいいでしょう。

どんなふうに表現するか、練習するのもいいかもしれません。

直接話すのが難しければ、メッセージや手紙で伝えることもできます。それから、カミングアウトをしたら、伝えられた相手にはその情報を受け止める時間が必要になるかもしれません。LGBTQ+ の支援コミュニティや似たセクシュアリティの人とオンライン・オフラインを問わず、何らかのかたちでつながっていることは、大きな助けになるはずです。

カミングアウトをするのは、とても勇気がいること。それから、もしあなたが誰かからカミングアウトをされたとしたら、その人はあなたのことを信頼しているということ。

もし、性のあり方や接し方について、わからないことがあれば、直接その人に聞いてみるのもいいでしょう。

まずは「打ち明けてくれてありがとう」と言うところから始めてみてはどうでしょうか。

参考：
・AMAZE.org「LGBTQ+ としてカミングアウトすること」
https://youtu.be/s1OO8aGHB2o
・Planned Parenthood—What's "coming out"?
https://www.plannedparenthood.org/learn/sexual-orientation/sexual-orientation/whats-coming-out

Column4

カミングアウトってどうしたらいいの？

カミングアウトとは、LGBTQ+ の人が、自分の性のあり方を受け止め、それを他の人に打ち明けて共有することを言います。

カミングアウトは、一つの決まった正しい方法があるわけではありません。また、どのような過程を経て打ち明けるかは人それぞれです。

カミングアウトは「しなくてはいけないこと」や「すべきではないこと」はなく、いつ・どこで・どのように、誰に打ち明けるのかは、その人自身が決めていいのです。

カミングアウトをするためには、多くの場合、最初のステップは自分自身の性のあり方を認識し、受け入れるところから始まります。

自分のことがよくわからず、自分の気持ちや考えに戸惑うことや、受け入れるまでに時間がかかることもあるでしょう。

人生において性のあり方が変わることは普通のことです。家族や友人、自分の身近な人やオンラインで会った人などに、自分のあり方を打ち明けることを選ぶ人もいます。

カミングアウトは一度きりで終わるわけではありません。

人はすべて異性のことが好きで、生まれた時の生物学的な性別に違和感がないと思っている人も多いため、LGBTQ+ の人は新しい人と会うたびに自分をどう表現するのか、日々選択を迫られることになります。

カミングアウトには、メリットもあれば、デメリットもあります。もし、あなたがカミングアウトすべきかどうか悩んでいるのなら、ポイントがいくつかあります。

家族にカミングアウトすることで、関係性が悪化したり、サポートを得られなくなったりする可能性があるかどうか。また、カミングアウトによっ

おとなりさん⑤　瀬戸マサキ　本題が続いていく社会に

※正式にはバイセクシュアル。男性も女性も好きという性的指向をいいます。「バイ」という表現を差別的で不快だと感じる方もいますが、当時の発言を表すために使用しています

※以前はマサキチトセという名義で活動されていました

※同性愛、または同性愛者に対する差別・拒絶・恐怖感・嫌悪感のこと

そしたら ある時から全然目を 合わせてくれなくなって…
傷つけちゃったなと 思って
私、その子のこと 友達としては好きだった そのボディタッチ だけやめてもらえたら よかったんだけど
それは切ない…
その当時バリバリ 働いていた母親から
男女差別は よくない 女性だけがトイレ掃除 女性だけ給与が低い 理不尽だよね…
ということを普段から よく聞いていて
自分は性別で その人を差別してるん じゃないか?
男子だからキモいって 決めつけてるんじゃない?
って考えるように なってきて…

次に誰かから
好きになってもらえたら
性別の要素を
抜きにして考えてみよう
ぐっ
って決心したんですよ
とはいえ…
今思えばこれは
男女差別とは
違うと思うけど
自分の価値観を
振り返る
大きな出来事
だったんですね
そしたらなんと
中学生の時に
好きになったのは
男の子で
バスケしよーぜ
キューン
おお
すごく好きかも…
一方で
女子も好きになったり
性的な関心が
あったりして…
そうなんです
ねえ

男子に関心はあるけど
恋愛するのは
越えてはいけない
一線があるようにも感じて
葛藤もあったかな
キャー
キスしたい…
マサキが女の子だったら
よかったのに…
キスしたいけど
キスしたら
戻ってこれないかも…
やっぱり無理…
キャー
ふとん
修学旅行の夜☆
高校生の時になると
少しずつ自分の
セクシュアリティを
オープンにするように
なっていって
留学先のアメリカで
イヤーブックを作る時に
写真や自分を表すキーワードに
『ゲイ』って書いたんです
MASAKI
"Asian, gay"
その当時は
女性に対する
興味が減って
いた時で…
マサキ、
イヤーブック
見たよ
え‥ まさか…
実は…好きなんだ
え…、うん、僕も…
ガシッ
ほわわ～
というきっかけで
お付き合いすることに
なったりしました

でも
そいつとは2週間で
別れちゃったん
だけどね！
あららー
その後
大人になってから
性を謳歌したい！
と思ったんだけど…
携帯電話で
やり取り
ポチポチ
はじめまして
では、ホテルに…
HOTEL
ん？？あれ
全然楽しくない
！！！？？
もしかして
ED!?
ガビーン
それからいろんな
試行錯誤を
重ねてみたんですよ
わくわく
たとえば…？

顔がタイプの人でも性格が合わないとダメかも
着衣はアリ!
ノンケと言いつつ男性とエロいことしてる男性けっこう多くない?
知り合いになった女の人を性的な目で見るのは厳しいな…
ひょっとしてもしかして私ノンケ…?
一筋縄ではいかなかったんですねえ
ナルホドー
そこで行き着いたんだけど自分の性的指向は…
恋愛したいのは男性で性の対象は男女両方でも裸の体にグッとくるのは男性より女性かもって感じですかね
ちなみに男性は服着てる姿の方が好き!
ペラペーラペ
ねじれ国会ばりにねじれてるな!
ガタッ
それな ——
そう ねじれバイセクシュアル!

人には『ざっくり言うとゲイ』とか『恋愛対象としては男性』みたいに言うことが多いかな
ざっくりいうとゲイだよ
なるほど
そーなんだ
高校生の時に友達にカミングアウトしたことがあって
冒頭のページのやつですね
こっちとしては一大決心と思ってしたんだけど
本題に入る前の背景説明みたいな扱いで！
ハハハ
予想外の受け止めの早さだったんですね
最近はあえてカミングアウトっていうより恋愛の話の流れの中で自然に話せる時に話すようにしてます
彼女いるの？
いないよ～彼氏ならちょっと前までいたんですけどね
ニヤニヤ
フフフー

やせないと彼女できないぞ～！
それはひどいよ
大丈夫！恋愛対象男性なんで！むしろこの体型好きって人多いんですよ
意外と売れ筋～
キラ
キラ～
キラ
そおなんだ～～
そうすると大抵の場合サラッと受け止めて本題が続いていくのね
ほんと気楽ー
セクハラはダメだけど聞いた人も性の多様性について身構えず知るきっかけになるといいですよね
そもそもカミングアウトしないと異性愛者だと思われるってことがおかしいんだけどね
カミングアウトするにしても本人がしたいタイミングでできたらいいですね
はいどーぞ
ありがとうございます
それを受け止めていく社会にしていきたいね！

ることを防いだり、人にSOGIEハラに当たるのでは？　と指摘したりすることができます。もし誰かからSOGIEハラではと指摘された場合は、自分の言動や考えを振り返ってチェックすることも大切です。

SOGIEハラかもしれない場面に遭遇した時に、その場の雰囲気や関係性などの問題から、その場ですぐに指摘することが難しいと感じることもあるかもしれません。そういった場合は、他の話題に変えたり、ハラスメントを受けたかもしれない人に、後からフォローすることもできます。

ハラスメントを受けている人に対しては、その人が必要とするサポートについて聞き、相談窓口を紹介することもできます。また、SOGIEに対する差別をなくすためのコミュニティのルール作り、さらには法制度の整備に向けて声を上げていくことも社会全体の風潮を変えていくことにつながる必要なアクションになります。

それから、自分自身の価値観や偏見に気が付くことが大切です。

実は、私も「彼氏／彼女いるの？」「そんなことしてたらモテないよ」「男性は力仕事をして」「女子力高いね」など、社会的に期待される性別役割意識が前提となっている言葉を発し、反省したことがあります。荷物を持ってほしいなら、「得意な人が手伝って」などのフラットな言い方に改めていくこともできます。

まずは、社会で「当たり前」や「そういうこと」とされがちな性別や性のあり方について意識してみたり、他の人と話してみたりするといいかもしれませんね。

また、メディアなどの影響で子どもたちが学校などで性のあり方について笑いのネタにしたり、本人をいじったりすることもあるかもしれません。もし、そんなことがあったら、大人が訂正したり、人を傷つける可能性があることをきちんと伝えていくことも大切です。

参考：なくそう！ SOGIハラ　http://sogihara.com/

Column5

どこからがハラスメント？

ハラスメントとは、人に対する言動などで「嫌がらせ」や「いじめ」を行うことを指します。

職場における優越的な関係を背景とした言動によるパワーハラスメント（パワハラ）がありますが、労働施策総合推進法（いわゆる「パワハラ防止法」）の改正により、企業にはパワーハラスメントの防止対策を講ずることが義務付けられるようになりました。**その中に、性的指向や性自認に関するハラスメント「SOGIE（ソジー）ハラ」も含まれています。**

Column0でもお話ししましたが、SOGIEとは、好きになる人の性別（性的指向：Sexual Orientation）や自分がどんな性別かという認識（性自認：Gender Identity）を指します。LGBTQ+がセクシュアルマイノリティーの人たちを指すのに対し、SOGIEはすべての人が持つ性的指向・性自認を表す言葉です。

SOGIEハラの中には、下記のような行為が含まれます。

①差別的な言動や嘲笑、差別的な呼称

例：「ホモは気持ち悪い」「オカマ」「オトコオンナ」「そっち系」などの言動

②いじめ・無視・暴力

③望まない性別での生活の強要

例：本人が望まない服装や扱いの強要など

④採用拒否や不当な異動や解雇、不当な入学拒否や転校強制

⑤誰かのSOGIEについて本人の許可なく公表すること（アウティング）

例：「あの人は同性のことが好きなんだって」「元男性だったらしい」といったことを言いふらすこと

まず、何がハラスメントに当たるのかを知っておくことで、自分が加担す

おとなりさん⑥ イシヅカユウ　自分自身をメディアに

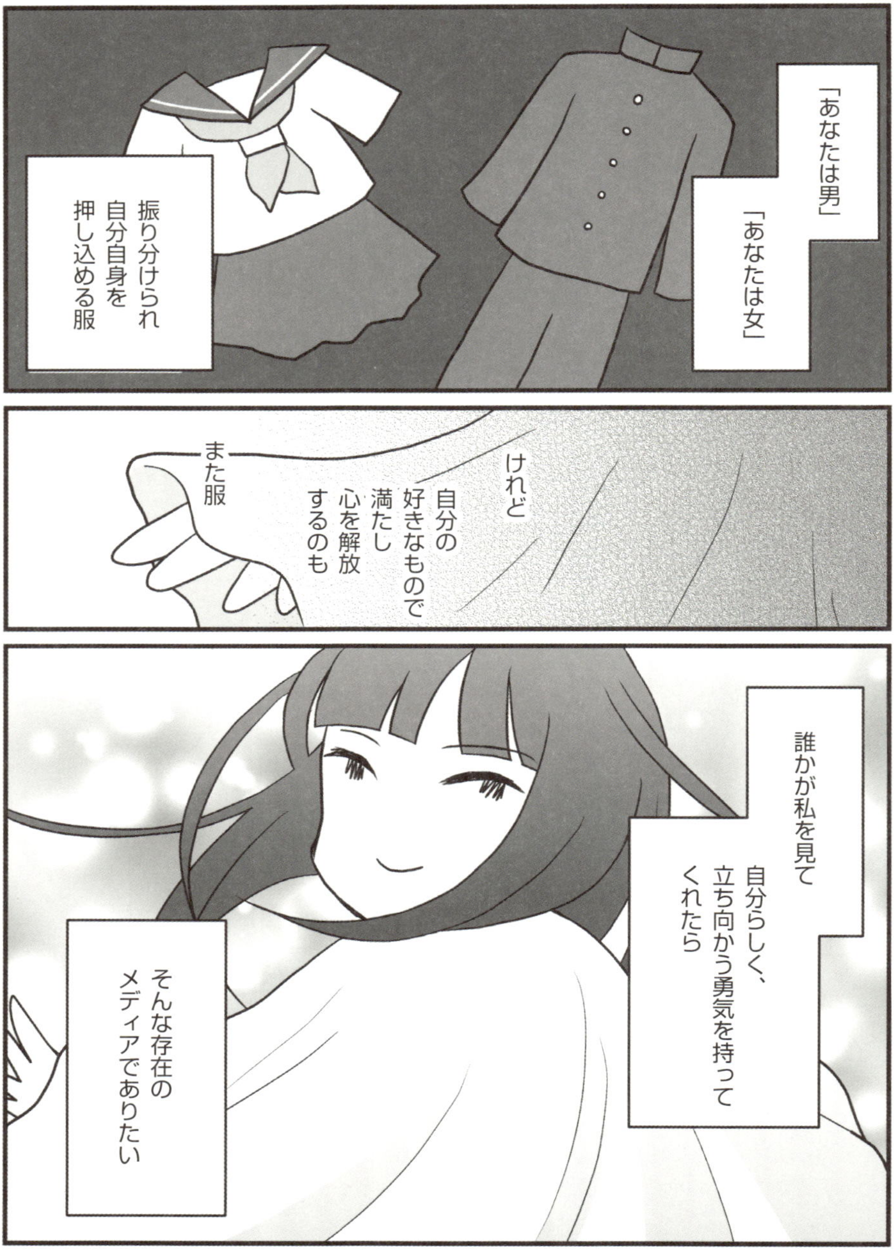
「あなたは男」
「あなたは女」
振り分けられ
自分自身を
押し込める服
けれど
自分の
好きなもので
満たし
心を解放
するのも
また服
誰かが私を見て
自分らしく、
立ち向かう勇気を持って
くれたら
そんな存在の
メディアでありたい

今私は都内の撮影スタジオに来ています…
張りつめた雰囲気ですね…
あっ 終わりましたかね…？
ありがとっございましたー
お疲れさまです～！
こんにちはーはじめまして
今日のおとなりさんはファッションモデルのイシヅカユウさん！
生まれた時に男性と割り当てられましたが
性自認は女性のトランスジェンダーです

イシヅカさんは
どんな子ども時代を
過ごされてきた
んでしょうか？
物心がついたころから
心と体の性への
違和感を
抱いてきました
だからといって隠して
いたわけではなく
私は小さいころから
自分はこういう
人間だと
表現してたんですね
私のジェンダーは
女性だと
小学生になるか
ならないかくらいの時に
親戚の結婚式のための
服を選びに行ったことが
あるのですが
こういうのどう？
ががーん
なんで着たい服が
着られないの〜って
大騒ぎするほど
男の子らしい服が
耐えられなかった
こんな服
ぜったい
イヤー！！
じたばた
じたばた
えぇ……
だから
男の子用の服を
着なくては
いけなかった
小学校では
写真に写る時は
全部下を
向いてました

自分のセクシュアリティが表現できない苦しさがあって
それでも男の子としてやってかなきゃいけないよ
そう言われる環境にいました
中学校の制服は学ランでさらにつらくて…
抜毛症といって髪の毛を抜くのがやめようとしてもやめられなくて周りから見てもわかるくらいになってしまったんですね
それで帽子をかぶるようになったのですが
好きなデザインの帽子をかぶっている時だけは
自分の心を解放できたんです

身に着けるもので自分が縛られる経験もしたけど
身に着けるもので気持ちが軽くなって心が解放されるんですよ
ファッションが心の支えだったんですね…
あとは、学校以外の居場所があることが支えになりました
中2で不登校になったんですが…
男の子としてやっていかないといけないプレッシャーで…
そのあいだ絵画教室や図書館で好きなことをして過ごしたのが心のよりどころになりました
いいね—
自分の居場所が複数あるって大事！

ご家族にはどんなタイミングで打ち明けたんですか？
中学に行けなくなった理由を母親から問い詰められて思わず言ったんです
『自分が男の子とは思えなくてつらい』
けれどその前からうすうす気づいていたみたいで
子どもの性同一性障害…？
受け止めてくれたんですね
高校は私服で通える定時制の学校を母が探してくれたんですよ
ここでは女性として扱ってもらうことになりました
服装を自由にえらべる！
髪を長く伸ばせるようになったのはこのころから！

さまざまな背景を持つ人たちと学べたのはよい経験でした
この文いいねー
ここで出会った国語の先生は文章が好きになるきっかけをくれましたし
演劇の授業で知り合った友人たちは今でも連絡をとりあってます
自分が好きなものを大事にできる
そういう感覚を育めたのが高校時代でした
モデルの仕事はどんな経緯で始めたんですか？
ファッションで救われた経験から服のデザイナーを目指して専門学校に進学したんです
あのときの…

退学届
でもいろんな事情で学校を辞めざるを得なくなってしまって…
そんな時友達から美容院のカットモデルとしてコンテスト出場に誘われたのがきっかけです
ねー
モデルになってくれない？
コンテストはランウェイ形式で
制限時間内でカットして
モデルはステージを歩くんです
自分の身体をメディアにして美容師さんが作ったものを表現することに楽しさを感じました

メディア…！
ブランドや服に込められたメッセージや撮影、メイクのイメージってあるじゃないですか
それらを最大限引き出すために…
この服のモチーフは…
今回のイメージはー
こんなフンイキでー…
どう歩くか
どういう表情をして
どう身体を使うか
どういう心の持ち方をするか
チームが持つイメージを自分の身体を使った表現へと昇華するのがモデルの役割で…
その意味で言うとモデルも裏方の仕事なのかなとも思います

片袖の魚
最近はさまざまな分野で活躍されてますよね
初主演の映画ではトランスジェンダー女性である主人公役を熱演！
活動の幅を広げる原動力はどこにあるんでしょう
自分の活動が人のためになればっていう気持ちが根底にあって
私には甥っ子姪っ子がいますが
彼らがセクシュアルマイノリティである可能性もあるわけで
誰もが何かしらのマイノリティになり得ることってありますよね
だから
私のやりたいことを通して、これからの世代の子どもたちに
たとえどんな背景を持っていたとしても幸せに生きていける
そんな希望を与えられたらと思っています

至るという事件が起こりました。

カミングアウトは、自分のあり方を表明し、それを肯定し、受け止められるというポジティブな側面もある一方で、いじめや偏見、排除といったネガティブな部分が目立ってしまうという可能性もあります。悪意を持って言ったわけではなくても、アウティングは誰かを深く傷つけてしまう危険な行為にもなってしまいます。

政府が策定する「自殺総合対策大綱」（2012年改正）では、議員や研究者、活動家たちの粘り強いはたらきかけがあって、

――「自殺念慮の割合等が高いことが指摘されている性的マイノリティについて、無理解や偏見等がその背景にある社会的要因の一つであると捉えて、理解促進の取組を推進する」

と対策の必要性が明記されるようになりました。

家庭や学校、職場などで、性の多様性についての理解を広め、受け入れられていると感じられる仲間の存在はもちろん、居場所等も含むサポートを広めることが、困難を乗り越える一助となるという研究もあります。

そして、**LGBTQ+だけではなく、さまざまな社会の差別をなくし、多様性に目を向けることが、誰でもその人らしく生きやすい社会にもつながっていくと、私は思っています。**

参考：
日高庸晴 , わが国における都会の若者の自殺未遂経験割合とその関連要因に関する研究（2008）
中塚幹也 , 性同一性障害と思春期（2016, 小児保健研究）
福本美樹 , 性同一性障害当事者が抱える困難と困難を乗り越える要因（2016, 学校メンタルヘルス）
日高庸晴 , LGBT 当事者の意識調査「REACH Online 2016 for Sexual Minorities」（2016）

Column6

LGBTQ+と生きづらさ

少しずつLGBTQ+への理解が広まってきている一方で、まだまだ社会には多様な性に関して差別的な言葉・風潮があるため生きづらさを感じている人がいます。「女性はこうあるべき」「男性はこうあるべき」といった規範、多様な性のあり方を持つ人がいることを前提としていない社会的な制度に溢れています。

学校や社会の中で性的指向や性自認について学ぶ機会が少ないため、LGBTQ+の人たちが悩みを抱えたり、いじめやハラスメントにより孤立したりしているのが事実です。権利保障が十分にされていない現状があります。

また、このさきどんなふうに生きていけばいいのか、お手本になるような人が身近にいないと感じている人も多いかもしれません。

そんな中、国内外のさまざまな研究で、LGBTQ+の人たちは、自殺したいと思ったことがある人の割合がそれ以外の人に比べて、高いことがわかってきました。

日本においても、ゲイとバイセクシュアルの男性の中には、そうではない男性の約6倍もの自殺未遂経験者がいるという驚きの調査結果や、性同一性障害の診断を受けた人では、自殺を考えたことがある人が約60%、自傷・自殺未遂をしたことがある人が約30%という調査もあります。

自身のセクシュアリティのことを周囲に打ち明けづらい社会環境であるために、不登校やうつ、自傷行為、自殺等につながったりもします。生きづらさの動機も認識されにくく、周囲の適切なサポートへのつながりにくさもあるようです。

2015年、ゲイであることを打ち明けた大学院生が、アウティング（本人の許可なく他の人にセクシュアリティを明かされること）によって、自殺に

おとなりさん⑦ AYA 共感と居場所を広げるために

おおー
ふふ……
今日のおとなりさんはAYAさん!
パレットークというメディアで編集長をしています
パレットークってどういうメディアですか?
パレットークでは基本的にLGBTQ+やジェンダーフェミニズムの問題を扱っています
インスタアクセスしてみて…
マンガでわかりやすい!

;P
palettalk_
フォロー中
メッセージを送信
投稿420件 フォロワー7.8万人 フォロー中85人
Palettalk パレットーク
オープンにして働く、ゲイの俺の気づき
こういったトピックって『身近じゃない』と思われがちなんで
当事者の実体験に寄せた短編マンガで伝えて
共感や気づきを得てもらうことを目的にSNSで発信をしています
あ、インスタだとまとめてよめる…
こんな話あるんだー! 次は…
へーこれは参考になる じゃ次…
はっ
マンガだとつい読みこんじゃいますね!
没頭しちゃったでしょ~
別にLGBTQ+やフェミニズムに嫌悪感は持っていないけどなんとなく自分に関係ない
と思っている人のSNSタイムラインに自然と流れてくることを狙って工夫をしています
ゲイの後輩のめでたい報告を聞いて、部長に呼び出された話 #パレットーク
サトシからのシェアか… ゲイ…?めでたい…?
おお
よかったな 祝ってもらえて!
オレもシェアしよ
今っぽい!
シェアされて話題になることで普段は問題意識を持っていない人にも届けることができるんですね

もともと情報発信のお仕事をされてきたんですか?
以前は人材採用の仕事をしていました
そこでLGBTQ+フレンドリーな就活イベントを開催したんですけど…
今の職場キツくて…
どんなことが?
週末どうしてるの?とか聞かれると嘘しか言えなくて
嘘を積み重ねていくのが辛いんですよ
GWなにしてたっ?
友達と旅行にー…
まじかいいねーー
本当は彼氏とだけど…
私がLGBTQ当事者だと職場に知られるのはやっぱり怖いですね…
就活の時のスーツは男物を着るべきですか?
私、トランスなんですけど戸籍はかえてなくて…
こんな課題に、周囲が少しでも気づいて〝自分ごと化〟させることができたら…
という思いがパレットークの立ち上げにつながりました

当事者だけではなく社会全体に向けて理解と行動につなげていくメディアなんですね
そういえばあいつこの前パートナーシップ結んだっていってたなー
あの子にはこうやって接したらよかったのねぇ…
アウティングっていうんだ…
あの子こんな思いしてたのかな
パレットークを運営するメンバーはセクシュアリティやジェンダーもさまざま
多様な人がそれぞれの個性を生かして、活躍し社会に問いかけていくという仕事にやりがいを感じます
素敵！
メディアを運営する中で世の中の変化や流れを感じることはありますか？
選択的夫婦別姓に係る最高裁決定やトランスジェンダーのトイレ使用制限判決などはSNSでも話題だった
性に関する発信自体が増えたと感じています
たとえば選択的夫婦別姓やトランスジェンダーについての話題はトレンドによく上がるトピック

一方で『LGBTQ+の人は何人に一人いる』みたいな基本的なことはもうみんなけっこう知っているのであまり注目されません
12人に1人はLGBTQ…
今は個人のエピソードの中にその人の一要素としてセクシュアリティのことも出てくるけど
美容院でのトークにモヤモヤした話
「太りたい」って言いづらい話
「お正月太り」は解消しなきゃダメ？
Q&A
ゲイの俺と妹の
人と人との恋愛や関係性についてのリアルな話がもっと見たいというニーズがあると思ってます
あの子こんなモヤモヤかかえてたのかな…
当事者が自分で勇気を出して語らなくても彼らが抱えているモヤモヤが再現され追体験できる当事者を支えたい人にとっても貴重な情報ですね
そういうモヤモヤや同じ気持ちを抱える人がつながるメディアであれたらなと思います

今セクシュアリティについて悩んでいる人に向けてのメッセージはありますか？
今もし悩んでいるとしたら、自分自身ではなく、周りの理由が大きいと思うんですよ
いつも一人でなやんでる…
ばっ
もう外に出ちゃおう！
なので、自分の周りの環境を変えられるといいと思います
自分と同じ、もしくは似た意見を持つ人を見つけてお互いをエンパワーし合える秘密基地を作ったり入ったり
学校の外で…など
安心できますね！
パレットークが読者の皆さんの居場所であり続けられたら嬉しいです

会では共存しています。無意識もしくは悪意のある差別に対して、見ているだけの傍観者にならず、介入する方法を第三者介入と言います。

もし性的マイノリティの人が差別的な発言をされている、もしくは不当な扱いを受けそうな場面や、本人ではなく知人の性のあり方を断定的に話している場面などに居合わせた時にできることはあるのでしょうか。

たとえば、

・言動の内容を記録し、信頼できる大人や相談センターなどに連絡をする
・傷ついている人に対して、寄り添ってサポートをする（その場で言えなかったとしても、後から「あの発言はひどかったよね、大丈夫？」などとフォローをすることもできます）
・「そういう話は面白くないからやめよう」「そういえば、最近あったことなんだけど…」など、いったん話をそらす
・「性的マイノリティのこと、知っている？」「最近学んだことなんだけど…」などと自分の知識を周りの人と共有する
・自分はアライであることを表明する
・相手に「その発言は差別になる」ということを説明し、差別発言をとめる

できることからチャレンジしてみてください。

でも、かかわるには勇気が必要ですし、身の上の安全を第一に考えることも大切です。もしかかわりが難しかったら、たとえば、差別的な冗談などで笑ったり同調したりしないということも、一つの方法です。

「アライ」をわざわざ名乗らなくても、当たり前に多様な人と共に、その人らしく安心して生きられる社会にしていけたらいいですよね。

参考：
AMAZE.org「LGBTQ+ のアライになる方法」
https://www.youtube.com/watch?v=S702ge8qWy0
『13歳から知っておきたい LGBT+』アシュリー・マーデル著　ダイヤモンド社

Column7

「アライ」になるには？

アライ（ally）とは「同盟・味方」を意味する言葉で、「多様な性のあり方を理解・支援し、社会問題に対して共に声を上げる人」を指します。

これまでアライは異性愛者でシスジェンダーの人が名乗るものとされてきましたが、その人のセクシュアリティにかかわらず「アライ」になろうという動きもあるようです。

身近な家族や友達、学校や会社、地域の人などがアライと表明していることは多様な性のあり方を尊重する安全なコミュニティ作りにも役立ちます。芸能人・著名人でアライであると表明している人もいます。

では、アライになるにはどうしたらいいでしょうか。たとえば、下記のようなことが挙げられます。

- **他の人のカミングアウトを受け止め、アウティング※しないこと**

  ※本人の許可なく、その人の性のあり方を第三者に伝えること

- **多様な性のあり方についての知識を身に付け、身近な人と話題にしたりすること**

  （たとえば、LGBTQ+ の人が登場する動画・映画・マンガなどの作品やニュースのシェアなどから）

- **LGBTQ+ の人が必要な時には、あなたが話し相手になれると伝えること**
- **性的指向や性自認に関するいじめに共に立ち向かい、差別的な発言に対して「それは嫌だし、やめてほしい」などと伝えること**
- **学校や会社、地域でアライのグループに参加することや、友達と一緒に活動を始めること**

LGBTQ+ の人は、理解の進んでいない社会やコミュニティにいると「こう感じるのは自分だけなのでは？」と不安になることもあります。

でも本当はそうではなく、すでに多様な性のあり方と共に生きる人々が社

おとなりさん⑧ 下山田志帆　ゲームチェンジャーとして生きる

誰にも邪魔
させない
いつだって、
そう思える
ように
『普通』を越えて
世の中を変える
ゲームチェンジャーで
ありたい

今日はサッカーグラウンドに来ています！
今回のおとなりさんは…
呼んでみましょう！
下山田志帆選手！
こんにちは！女子サッカー選手で友人と会社経営もしています
〈性のあり方〉
体の性:女性
好きになる性:女性
自認する性:男性でも女性でもない
サッカーとビジネスの二刀流！

※2021年にWEリーグという日本女子プロサッカーリーグが発足しました

ドイツで印象的だったことはありますか？
自分を『マイノリティ』として意識することがサッカーをしている時も、日常生活でも全くなかったことですね
そういえば
ん？
シホは男性と女性どちらが好きなの？
あ、女性だよ
へーそうなんだーでさー…
サラッと…
今度女性パートナーと結婚するんだ〜
自然に報告
自然に祝う〜
わー
パチパチ
ヒュー
おめでとう〜！
ところで
日本の女子サッカー界では『メンズ』と言って、女性とお付き合いをして男性的な役割を担う人を指す言葉があって
メンズは自然に女子サッカー界に存在してたんです
あの先輩メンズだよね
だね
高校生の時に彼女ができて、自分もメンズを名乗っていいものか？と思ったことがありました

でも
そのことをなんとなく
チームメイトにも
言えなかったんですよね
ちやほやされたくて
メンズになったの
でしょーとか言われがち…
メンズがいると
チームが崩れるという
共通認識があったり
しましたし…
ドイツでは女性同士で
お付き合いや
結婚する選手たちが
当たり前にいて
パートナーなんだー
よろしくー
おー
よろしく!
チームメイトや
コーチにはもちろん
ファンにもオープン
でした
異性愛と同性愛の
境目がない感じ
だったんですね
どういう人
でも
それがシホ
でしょ
ドイツではいつも
チームメイトが
私を肯定してくれて
『話しても大丈夫なんだ』
と思えるようになって
たんですよ
だんだんと
『言ったほうが楽かも』
という気持ちに
なっていきました
そして

下山田 志帆
@smymd125
「女子サッカー選手やってます。そして、彼女がいます。」
同性パートナーがいることを公表したアスリートとして話題になりましたよね
公表したら、予想以上にポジティブな反応をいただけて嬉しかったですね
おお…
素晴らしい！
これからもお二人お幸せに！
自分は変だと思っていたけど、自分は自分だと思えるようになった
勇気をもらいました！
おめでとうございます！
公表したのは自分のためでしたがエンパワーされたい人がいる、当事者のリアルな声が必要とされてるんだなと実感しましたね
私と同じ境遇の人が…！
ロールモデルがほしかった！

そんな下山田さんが起業をしたきっかけはあったんですか？
サッカーチームに所属し….
LGBTQとスポーツ
講演活動を行い….
ドイツに渡ってから女子サッカー選手として自分の価値は何かずっとモヤモヤを抱えてきました
親のスネかじってサッカーやってるの？
それでもこんなことを言われる….
日本の女性スポーツ界でもビジネスとして成り立つということを証明したい
本気なら法人化
だよね
女性スポーツの変化を通して、『普通はこうあるべき』という社会を変えたいと思い、仲間と会社を立ち上げました
第一弾の商品として「かっこよさ」を追求した吸収型ボクサーパンツOPTの開発・販売を始めました
ここで水分を吸収
生理のときに履くことができる液体を吸収するパンツですよね！
これは今までにないデザイン！

長年、運動中の生理用品の使い心地に悩んできまして…
不快感がすごいんです
汗でムレる…
ナプキンおちた!?
そして生理用品やサニタリーショーツはデザインがピンクやベージュだったりリボンやフリルの装飾など
『女性はこうあるべき』と言われているみたいで強い違和感があったんです
生理ショーツ
それで性別にかかわらず生理の時期も自分らしく快適に過ごせるアイテムとして開発しました
下山田さんならではの着眼点ですね
シンプルなデザインで性別にかかわらずニーズがありそう
尿漏れが気になる男性からも好評なんですよ
たすかるー
フィット感もあるのでスポーツの時も使えます
これはだいじ
生理中でも
ラクーー!
OPTを通して不快なものや違和感を抱くことは我慢しなければならないのではなく
自分が居心地のよい生き方へと変えていけるんだと思ってほしいです

下山田さんは今後どんな生き方をしていきたいですか？
自分は〝ゲームチェンジャー〟であり続けたいと思っていて
『普通はこうあるべき』というそれまでの流れや価値観を一転させるそんな誰かがやるだろうの〝誰か〟になることです
はじめの一歩
その〝誰か〟がいることでやっとみんなが生きやすくなって肯定されると思うんですよ
私もやってみます
ぼくもなにかできそう
ドイツのチームメイトがそうであったように自分の生き方を肯定するし
誰かの生き方も奪わず肯定する
自分の生き方に誇りを持ちながらワクワクを世の中に届けられたらと思います
カッコイイ！

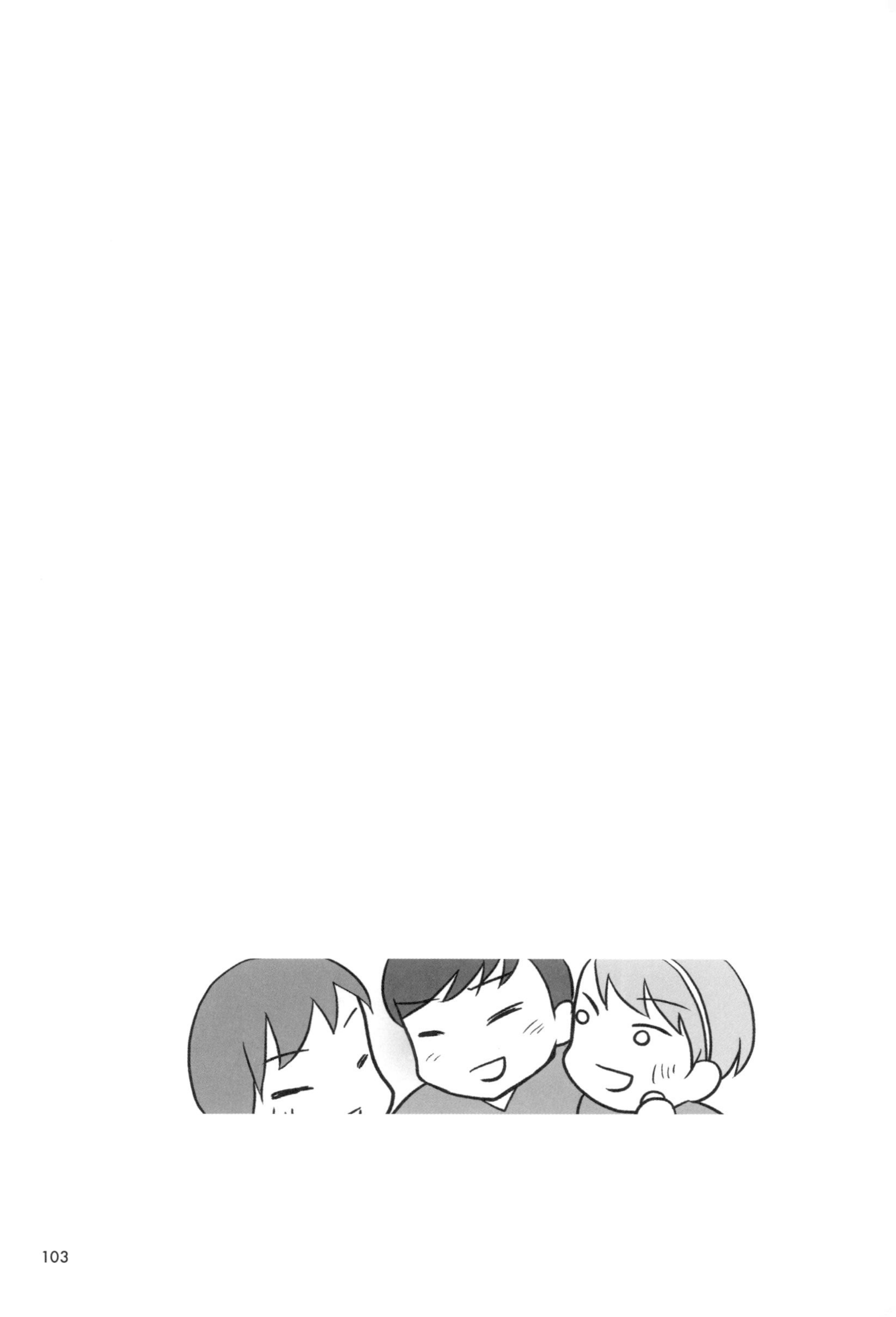

いるのも事実です。そして、女性だけではなくLGBTQ+の人たちも、さまざまなシーンで差別や暴力を受けやすい立場にあります。

このようなジェンダー不平等の状況を打開するためには、その背景にあるジェンダー規範（女／男はこうあるべき）や、ジェンダー不平等を生み出している法律や社会制度、社会構造を変革していく必要があります。

このような取り組みは**「ジェンダー・トランスフォーマティブ・アプローチ」**とも言われます。現在差別や暴力を受けている人たちへの不平等な状況を改善するだけではなく、女性やLGBTQ+の人たちの社会的地位の向上や政策決定の場に参画していくことが大切です。性のあり方にかかわらず、自分の人生を自分で決め、未来を切り拓く力を高め、お互いを尊重し合い、暴力ではなく対話によりポジティブな意識・行動に変えていくアクションが必要なのです。

そのためには、男性の「エンゲージメント」も大切だと言われています。

男性がジェンダー平等に積極的に参加し、暴力ではなく、ポジティブな行動を促進し、ジェンダー平等の担い手になっていくことも重要視されているのです。

そして、ジェンダーだけではなく、人種や障がい、年齢といったさまざまな差別に対しても、目を向けていくことも重要となります。インターセクショナリティ（交差性）と言って、さまざまな差異により生まれる力関係にも注目する必要があります。

たとえば、両親により育てられた日本人のシスジェンダーのゲイ男性と、ひとり親で外国籍のトランスジェンダー女性では、日本社会での立ち位置や差別・抑圧の状況も異なるという視点を持つことです。

また、内閣府とガールスカウト日本連盟は、固定観念にとらわれず、多様性を認め合えるようになることなどを目的に、中高生向けオンラインプログラム「me and them」を提供しています。ジェンダー平等について学ぶ機会の充実に期待しています。

参考：内閣府・ガールスカウト日本連盟「me and them」https://www.girlscout.or.jp/meandthem/

Column8

ジェンダー平等って
どういうこと？

「ジェンダー平等」と聞いて、皆さんは何を思い浮かべますか？

ジェンダーとは、「社会的性差」とも言われますが、身体のつくりの他に「男はこうあるべき」「女はこういうもの」といった社会や文化の中で生まれた性別のイメージやその違いのことを指します。

これまでの社会では、身体的な性別が「女性だから」というだけで、「家事が得意なのは女性」「男は働いて出世すべき」と不当な扱いを受けたり、社会の中で活躍する機会が少なかったり、賃金が低かったりすることが問題となってきました。そこで、**性別による差別や不平等をなくし、「ジェンダー平等」を実現しようという動きが世界的に広まっています。**世界共通目標であるSDGs（持続可能な開発目標：Sustainable Development Goals）においても、ジェンダーにもとづく偏見や不平等をなくし、すべての人が平等に自由でいられる権利を持つことを目指しています。

世界経済フォーラム（WEF）が発表した2024年の「ジェンダー・ギャップ指数」の日本の総合順位は、156カ国中118位（前回は146カ国中125位）でした。

特に、政治・経済の中で何かを決める場に、女性は男性と同じように参加したり、リーダーになったりすることがなかなかできていません。その理由の一つとして、家事や子育てといった家族の世話をほとんど女性が行っていることが挙げられます。先述のジェンダー・ギャップ指数では日本は教育に関しては男女平等とされていますが、学校の入試で合格ラインを男女別で設定するなどの事例もいまだ存在し、数字だけでは測れないような表面化されていない差別もあるでしょう。

また、いまだ多くの女の子や女性がパートナーからの暴力の被害を受けて

おとなりさん⑨

西村宏堂　私だからこそできること

キラー
メイクアップアーティストをしています
変身!
〈性のあり方〉
体の性:男性
好きになる性・自認する性は決めていない
素敵！
雰囲気全然違いますね
ふふ ありがとうございます
ポン
またも変身
お坊さんとメイクのお仕事ってユニークな組み合わせ！
それぞれを目指されたきっかけはあったんですか？
お寺の家に生まれたけれど小さい時から仏教の勉強をしてきたわけではなくて
こうちゃんプリンセスよ!!
みてみて
ディズニー・プリンセスに夢中で、お姫様ごっこやお絵描きが好きだったんです
わーすてきー

でも学校時代は暗黒で…
周囲の描く『男性らしさ』を期待されるのが辛かった…
ある時『あいつホモでしょ』って言われた時があって
あいつホモでしょ
まじー
何も言い返せなかった…
そして自分らしく居られる場所を求めてアメリカに留学しました
けれど日本人の自分の細い目や背の低さが
外見の美しさという観点で劣っているように感じることもあって…
そんな中、森理世さんが日本代表としてミス・ユニバースで優勝したんです
いったいどういうこと⁉
Miss Universe

彼女についての本でこんなことが書かれてあったんです
アジア人の黒い目はマスカラとアイシャドウでメリハリがつき、遠くからでも目立つ武器
自分もやるしかない！
なにこれどこまでのびるの!?
その日からもうメイクに夢中になっていって
留学先のニューヨークでメイクアップアーティストのアシスタントになったんです！
すごい行動力！
そこからメイクの仕事に携わるようになってきました
ミスユニバース 世界大会 メイク担当！
ミスユニバース ジャパン メイク指導！
すごく大きな舞台！

ニューヨークでは同性愛を公表して活躍している大学の先生もいたし
この前ボクの夫がねー…
私らしく生きていっていいんだって思いが少しずつ芽生えていきました
PRIDE NYC
そして〝Gender Gifted〟という考え方に出会ったんです
〝Gifted〟は『生まれ持った才能』っていうことですよね
そう自分の性のあり方が特別な才能であるという考え方
私は小さいころから女性でもあるし男性でもあると自認していた
西村さん相談がー
宏堂さんきいてくださいよー
性別にとらわれずさまざまな人の気持ちに共感しながら話を聞くことができると思います

そんな立場の私だからこそ人が見過ごしがちな言葉や知らなかった背景を補って伝えることができる
みんなの手をつなぐ架け橋になれる存在だって思っています
ポジティブで素敵な考え方ですね！
そこから仏教の道に進んだのは？
アメリカで生活するなかで『私だからこそできること』に目を向けるようになって
まずは自分のルーツである仏教のことを学んでみようと修行に参加したんです
お坊さんになる修行で印象的だったことはありますか？
そうね…
浴室
ガラ…
おいてめえ…

ニヤニヤ
最初に見た時
カマかと思ったぜ
どうして…
なんでそれを聞くの?
ニヤー
とってもびっくりしちゃって
高校の時の気持ちがよみがえって…
でも私はもうあの時の私じゃない
PRIDE NY
ここでごまかしてはいけない…!
そうだよ

あのさー
西村くんはニューヨークでメイクアップアーティストをしていて
ミス・ユニバースとかでも活躍しているんだよ
そ…そうだったのか
…ということもあってね
初めて同性愛者に会ったからびっくりしたんだと思います
けどそのすぐ後…
なあ…
ニューヨークでも頑張れよ

そう言ってくれて、今度は私がびっくり！
宏堂さんの勇気が彼の気持ちを変えたのかもしれないですね
うーん
修行をしながらも仏教について悩むこともありましたよ
男性は左足から入って女性は右足から入る…
仏教の作法の中には男女でやり方が違うものもあります
私はどちらに従えば…？
そしてメイクやファッションも楽しみたい
そんな自分が僧侶になっていいのか高名なお坊さんに伺ったことがありました
仏教で一番大切な教えはみんなが平等に救われるということを伝えることです
同性愛者であることは問題ありません
また作法は教えの後に作られたものなので男女で違いのあるものは左右どちらでも好きなほうでいいですよ

大切な教えを伝えられるのであればキラキラしているものを身につけていても問題ないと思いますよ
お医者さんの僧侶は白衣を着てますでしょー
寛容な考えを持つ偉い先生がいたことで仏教を通じて私が得た学びを共有したいと思うようになりました
やる気!
最近、お寺用のレインボーステッカーも作ったんです
みてみて
おおー
性の多様性だけでなくすべての人の個性やその人らしさを尊重するお寺ですよという意思表示に使われてます
このステッカーのあるお寺なら安心して相談できそう!
宏堂さんだからこそのステッカー!
最後に伝えたいメッセージはありますか?

もともと外見にコンプレックスがあってＬＧＢＴＱ＋であることにも悩んでいた私が…
メイクを通じてもっと素敵になったり
より魅力を引き出すことができるとわかった
そして仏教でどんな個性を持っていてもみんな平等に救われると教わった
外見も内面も魅力的に
自由に生きていいと思えるようになりました

今度は悩める人に私が
『皆が平等に救われる、だから正々堂々と胸を張って生きていっていい』
というインスピレーションを届けたいと思っています
みんなと違うことは恥ずかしいことじゃない
たくさんの人と交流し
知識を得て
自分の体験を伝え
正々堂々と生きてください

動が、無理解や軽視、偏見による決めつけからくるメッセージではないかどうかを意識することが大切です。

そして、もし誰かからマイクロアグレッションや差別ではないかと指摘された際には、「悪気はなかった」「傷つけてしまったのなら謝ります」などと取り繕わないようにも気をつけたいところ。

なぜなら、「あなたが気にし過ぎる人だから気になっただけ」という意味合いを匂わせるメッセージとなり、かえって相手を傷つけてしまう可能性があるからです。

自分のマイクロアグレッションや差別に気づいた時や、指摘された時には、素直に謝罪の気持ちを伝えましょう。

無理に話をしようとしたり、一方的に謝罪文を送ったり、言い訳をして相手に許してもらおうとするのは、さらに相手にプレッシャーをかけることにつながります。

相手がどうしてほしいかを聞いて、尊重することが何よりも大切なのです。

その上で、謝罪を受け入れるかどうか、許す・許さないは相手が決めることです。

そして、その背景にある自分の価値観やアンコンシャス・バイアス（無意識の偏見）を見つめ直すことが重要なのではないでしょうか。

Column9

悪気がなく言ったつもりでも…マイクロアグレッション

「マイクロアグレッション」とは、「属性を理由に特定の個人を貶めるメッセージを持った、ちょっとした、日々のやり取り」を指します。

言った本人は、相手を差別したり、傷つけたりする意図はないとしても、相手の心にはダメージを与える言動のことです。

LGBTQ+ だけではなく、人種や性別、年齢、障がいなどの理由で、社会でマイノリティな人に対して、日常的に、そして無自覚に行われる差別の一種。

たとえば、「ゲイだからおしゃれで面白いよね」という発言は、一見褒め言葉に聞こえるかもしれません。

しかし、この言葉には「ゲイの人はこういうもの」という偏見が背景にあります。同様に、「私は偏見がないから大丈夫だよ」「普通の人に見える」と声をかけたり、女性に「女子力高いね」「いいお嫁さんになれるよ」、男性に「男だからしっかりしないと」「もっと堂々とすればいいのに」と言ったり、同性カップルをじろじろ見たり、勝手に体を触ったりといった行動もマイクロアグレッションに当たります。

また、トランスジェンダーの人に「本当の女性／男性に見える」「男性／女性より男性／女性らしい」などと言うことも、その人の性のあり方を尊重しておらず、傷つけることにつながります。

このような言動は、善意や悪気もなく行われるため、露骨な差別と違って見えづらく見過ごされがちです。受け手にとっても、生じた違和感や不快な感情を言語化して指摘することが難しいという課題もあります。

マイクロアグレッションによって誰かを傷つけないためには、自分の言

おとなりさん⑩　杉山文野　自分って何者？

10代のころは『30歳になったら死のう』
そう思っていた
実際身近で若くして
亡くなってしまった人もいる
あれから20年経った
今でも
『生きていればいいこともある』だなんて、そんなに単純な時代じゃない
けどあの時本気で死にたいと思った自分が
充実した人生を送っているというのは事実
今、生きづらさを抱えていたとしても楽しく生きていける可能性はゼロじゃない

マイノリティも
マジョリティも
関係なく
みんな幸せに
なれる社会を
つくろう
今回のおとなりさんは
杉山文野さん！
こんにちは！
飲食店の経営や
LGBTQ＋の啓発
活動をしています
東京レインボー プライド
〈性のあり方〉
生まれた時の体の性:女性
自認する性:男性
好きになる性:女性
ご自身の性のあり方を
意識したのはいつごろ
ですか？
小さい頃から
自認する性は
男の子なのに
生まれた時の
体の性は
女の子という
感じでした
一番しんどかったのは
中高生時代かな
あのときはキツかった…
ずっと女体の
着ぐるみを着ている
ような感じ
気持ちの上では
男性なのに
女性の体に成長して
いくことが苦しくて…
でも『変な人』と
思われるのも怖くて
本当の気持ちは
ずっと隠してきました
もっこ
もっこ

『こんな自分は大人になれないんじゃないか』『死ぬなら早く死のう』とばかり考えてました
それほど生きづらさを感じていたんですね
だって10代の頃の僕は男性として生きていく選択肢があることも知らなかったんですよ
当時はＬＧＢＴＱであることをオープンにしながら活躍する大人を目にすることがなかったですから
ロールモデルがいないことで将来を絶望してしまってたんですね…
女としてしか生きていけないなら
いっそ…
そんな中、カミングアウトができたきっかけは何だったんですか？
中学で初めて彼女ができたんだけど
高2でふられてしまったことがあって

あまりに落ち込んでいるのを見かねて仲のよい友達が
なんかあった?
と声をかけてくれて打ち明けたのが初めてのカミングアウトでした
心は男性で女性の体に違和感を持っている自分は気持ち悪いんじゃないかと
誰にも言えなかった気持ちを吐き出したんです
話してくれてありがとう
性別がどうであれ
フミノはフミノじゃん

そう言ってくれたことにすごく救われました
そこから少しずつ周囲にも話していけるようになったんです
それからは本を出版してトランスジェンダーであることを公表されましたよね
そうですね…
セクシュアルマイノリティは身近な存在だって伝えたかったんだけど…
長年やっている新宿のゴミ掃除ボランティアをしていたら…
取材させてください〜
いいですよ〜
後日
どんな記事になってるかな〜
!?
トランスジェンダーを乗り越え掃除をしている杉山文野さん
掃除と性別関係ないだろ…!
僕のすべてが『トランスジェンダー』ってフィルターごしに判断されてしまって…
とにかく性別のことから逃げ出したい!
と世界一周旅行に行ったんですよね

ただ世界中どこに行っても同じ質問をされるんです
あなたは男なの？女なの？
ミスターなのかミスなのか
ムッシュ？マドモアゼル？
そしてついに南極にたどり着き…
ここまで来れば聞かれることもあるまい…！
エクスキューズミー フミノ…
部屋が男女で分かれてるから聞きたいんだけど
あなたは男性？それとも女性？
ポカーン
ズーーン
こんな世界の果てに来てまでも…!!
えー？
どこまで行っても自分の性別と自分自身からは逃げられないと悟りました

それがきっかけで
場所を変えても意味がないなら
今いる場所を生きやすく変えていこう…！
と覚悟が固まったんですよね
バ
バーン
そこでまずはこの社会の中で働く決意を…
バル居酒
はい、飲食業界で働き始めました
おい！杉！電話の取り方も知らんのか！
す、すみません！
杉、食材は!?
ま…まだです！
休みなく働き通してとにかく何でもやりましたね～
ハハハ
杉！あれは…
やっときました!!
やるじゃん
へへ…
社会人として働く厳しさの中でサバイブできた自分に自信が湧いてきました

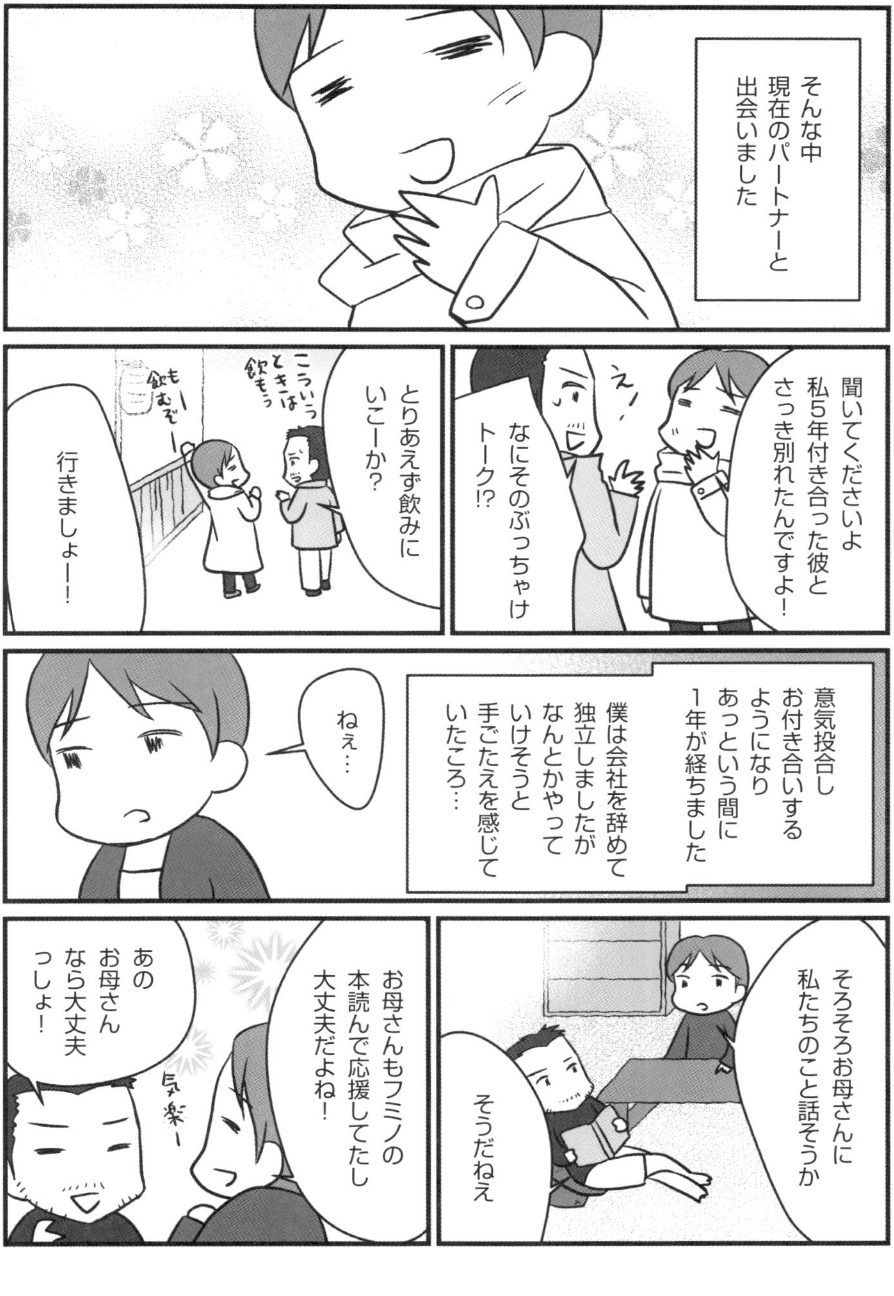
そんな中
現在のパートナーと
出会いました
聞いてくださいよ
私5年付き合った彼と
さっき別れたんですよ!
え!
なにそのぶっちゃけ
トーク!?
とりあえず飲みに
いこーか?
こういうときは飲もう
もー飲むぞー
行きましょー!
意気投合し
お付き合いする
ようになり
あっという間に
1年が経ちました
僕は会社を辞めて
独立しましたが
なんとかやって
いけそうと
手ごたえを感じて
いたころ…
ねぇ…
そろそろお母さんに
私たちのこと話そうか
そうだねぇ
お母さんもフミノの
本読んで応援してたし
大丈夫だよね!
気楽ー
あの
お母さん
なら大丈夫
っしょ!

すぐ別れてください
えっ…
でも僕の活動のこと応援してくれてたんじゃ…
うちの娘となれば話は別です
住む世界が違います
時間が解決してくれるはず
そう思ったけれど…
娘を巻き込まないでください
絶対無理
プイ

こ…これはつらい
でも『なんでお義母さんはわかってくれないんだ！』と怒るのではなくて
反対するお義母さんの気持ちをまずは理解してみよう　と思ってましたね　当時は
自分の娘には幸せになってほしいのは当然ですし…
トランスジェンダーの僕と一緒にいては幸せになれないと思ったからじゃないかな
当事者だけじゃなく周囲の人も幸せに生きるLGBTQ＋のロールモデルがないことで苦しむものなんですよね
とはいえ何年もこの状況だとお二人にとって大変つらいですよね…
そうですね…お義母さんの強い反対に耐えかねたパートナーが…
もう別れよう…

ぐっ…
大丈夫！
絶対なんとかなるから！
わざと明るく振る舞いました
バッ
彼女が弱気になった時自分がそこでごめんというのは違うじゃないですか性別を言い訳にしたくないですし
刷り込まれた罪悪感との戦いだったけれど
ぼくがトランスだから…
罪悪感
一緒に弱気にならないで大丈夫、と言い続けましたね
だーいじょうぶだって
って自分にもいいきかせてるのだけど…
それで結局
僕たちは一緒にいます

『一緒にいます』と宣言することにしました
ダメよダメなものはダメ
いいかどうかをおうかがいに来たわけではなく
それでも僕たちは一緒にいるということをお伝えしに来ました
俺は俺お母さんはお母さん
二人は二人ってことだ
そんなふうに気持ちが伝わっていったんですね
そして現在は？

2児のパパになりました!!
なんとパパに!!
子どもたちはゲイの親友から精子提供を受けて
ゴンちゃん
体外受精によって僕のパートナーが子どもを妊娠・出産しました
そして事実上3人とも法的に親になっています
養親(親権あり)
実親(親権なし)
実親(親権なし)

どんなふうに子育てをされているんですか？
親が3人ってどういう感じなんだろ
かわい〜
未だに試行錯誤ですよ
正直順風満帆にきているわけではないですよ
3人の親がいるから育児負担が三分割かといえばそうじゃないですし
あーこうじゃないよー
ギャアアー
ぼくの意見は…？
ごめん会議が…
あーしよう
こーしよう
私にも仕事の予定あったんだけどな…
子どものことを公表したのは彼らが大きくなった時に自分たちが隠される存在だと思ってほしくなかったからでしたが
それでもそんな子育ての様子がメディアに取り上げられると
LGBTQ+当事者から、自分も子どもを持てるんだ！と希望を持てたって感想をもらうんですよ
うれしい
おお

最後に何か読者の皆さんに一言を！
大人になったら死にたいと思っていた僕が
子どもができて
一日でも長生きしたいと思うようになりました
だからマイノリティや生きづらさを抱えていても
そして子どもを持たなければ幸せになれないわけじゃないけど
いろんな生き方や選択肢があるって思ってもらえたら嬉しいです
昔はご自身や周囲にとってのロールモデルが居ないことで苦しんでいた杉山さんですが
今の彼の存在が希望につながるという人も多いんじゃないでしょうか

などは認められなかったり、同性カップル同士で賃貸住宅に住もうとすると断られるケースもあったりして、生活する上でさまざまな課題が発生しています。

同性のカップルが結婚でき、異性同士の結婚と同じ権利や保護を受けられるということは、平等な社会への大きな一歩でもあります。

公益社団法人「MARRIAGE FOR ALL JAPAN」のように、同性婚の法制化を目指して、“「結婚の自由をすべての人に」訴訟”や、政策提言といったさまざまな活動を行っている団体もあります。

日本では、同性婚の法制化に関して、元首相岸田文雄氏の「社会が変わってしまう」といった世界の潮流に乗り遅れている発言が問題視されるということもありました。

同性婚を認めると少子化になるのでは、と心配する声もありますが、同性婚の導入が出生率に影響したという科学的なエビデンス（証拠）はありません。また、同性婚を導入した後にネガティブな影響が指摘されたり、同性婚の廃止や見直しが求められている国・地域はほとんどないそうです。

日本の複数のメディアによる世論調査でも、同性婚に賛成する声が特に若い世代を中心に増えています。同性カップルの結婚が法的に認められても、それが他の人の生活を脅かすようなことはありません。

むしろ、多様性を認める社会へとつながっていくことでしょう。

参考：「MARRIAGE FOR ALL JAPAN」
https://www.marriageforall.jp/support/

Column10

日本・世界の同性婚・パートナーシップ制度

同性婚（同性同士での結婚）は、さまざまな国で基本的人権として認められ広まりつつあります。

2001年にオランダで初めて同性婚が認められて以来、30以上の国・地域が同性婚を法制化しました。日本・アメリカ・カナダ・フランス・ドイツ・イギリス・イタリアの先進７カ国（G7）では、日本を除く６カ国で異性カップルと同等の権利を同性カップルにも法律で保障しており、増加傾向が続いています。

同性婚はアジアでも初めて2019年に台湾で認められました。一方で、同性愛や同性との結婚を犯罪とみなす法律がある国もあり、中には死刑や禁固刑になる場合もあります。

日本はじめ、イタリアなどいくつかの国では、「同性同士のカップルを婚姻と同等である」と認める制度が導入されています。**日本では東京都を含む450以上の自治体で「同性パートナーシップ制度」が導入されており、自治体が同性カップルの存在を認めるという点では大きな意味があります。**

しかし、自治体が認める「同性パートナーシップ制度」は法的拘束力がなく、異性同士の法律婚と全く同じ扱いになるということではありません。具体的には、自治体によって公営住宅の同性カップルでの申込や、公立病院での緊急連絡先としての指定や面会等を認められているケースはあるものの、

- **配偶者控除（パートナーの税金の負担を軽くする制度）の適用**
- **遺族年金の適用**
- **生命保険の受取人の指定**
- **特別養子縁組、共同親権（子どもを育てるという権利と義務をパートナー二人が持つこと）**
- **在留資格（外国人のパートナーが配偶者として長期間滞在すること）**

おとなりさん⑪ じゅんじゅん 幸せへの道

戸籍上も女性になれたら自動的に幸せになれると思ってた
そんなことはなかった
それでも絶対幸せになってやるんだから…!!
今日のおとなりさんはじゅんじゅんさん！
21歳で性同一性障害の診断を受け
性別適合手術を経て女性に戸籍変更をしています
〈性のあり方〉
体の性：男性⇒女性
好きになる性：男性
自認する性：女性
戸籍変更
についてですが…
日本で戸籍上の性別を変える要件の一つに性別適合手術があるんですよね

※1※2を合わせて「性別適合手術を受ける」という解釈があるが、手術を受けなかったとしても性別変更できた事例もある

思春期になると自分の体毛や声変わりなどの体の変化に追い付けない感じがあって
中学の頃から学校が嫌になって不登校になったんですね
そんな中ダンスや歌に出会って
こんなふうになりたいって夢を見つけたんです
それから高校専門学校と進学して
ついに歌って踊るミュージカル俳優になったんです

すごい！夢がかなったんですね！
でも――…
人事本部
次期の配属舞台について
次は何役かな
こ…
この役って…
猛々しいダンスをして…
上半身裸のあの役…
役作りのために髪の毛を切って肌も焼いて
男らしくするために筋肉もつけなきゃいけないなら…
私には無理だ…
男性としての配役に自分は応えられない
結局周囲は自分の外見で配役するしかないからしょうがないと実感しました
自分には
あの役はできませんすみません
そっかあ残念だけどしょうがないね…
であれば女性としての自分を表現していかないと中身が伝わらないなと
女性として生きる決意をしました
そして…!?

お金を貯めました!!
お…お金…!?
性別適合手術やホルモン治療はすごくお金がかかるんです
仕事から帰ると布団にたどりつく前にたおれる……
(ガチです)
丸2年死に物狂いで働きました
そしてやっと迎えた手術――
じゅんじゅんさん――
手術は無事終わりましたよ気分はどう?
死ななかった…
これから生きていかなきゃいけないな…

…え…
なにこの痛み…!?
ドーン
ドーン
これが鈍痛か!!
ドーン
ドーン
今は全く痛みはないんですが、手術してから2年くらいはお腹や局部の痛みが続きました
8ヶ月の療養….
いたた…
でも これでやっと普通に生きられる…!
いたいけど!!
ジンジン
その後も定期的にホルモン治療を受けつつ
のみ薬
戸籍の性別と名前を変え
市役所
裁判所
今日はここ
明日はあそこ….
就職活動をしてずっと入りたかったアパレル企業へ…
ぱあぁ

※ダイバーシティ&インクルージョン(D&I) 多様性を尊重し、個々の特性や能力が発揮できるよう企業活動をしていく取り組み

ダイバーシティをうたっている会社の採用面接で『生きてきた経歴が違うので経歴詐称になる』と言われたこともありましたよ
そんなコトが!?
手術をしたから幸せになれるってわけじゃない
ってその時思いましたね
退職後はどうしたんですか？
もう全部失いご飯も食べられないと思って知り合いを頼りYouTuberとしてのお仕事を始めました
働くことってほんと死活問題ですよね…
今はYouTubeは自分らしい発信だけ趣味的にして販売関係の仕事をしてますね
あとはLGBTQ+関連のイベントに参加させていただいたりしています
じゅんじゅんさんのような先輩と若い人がつながる機会もすごく貴重！

過去を思い返してみると LGBTQ+にとって情報は大事で…
LGBTQと職場のハラスメント…
小さいころから知識があれば、私はより自信を持てたって思うんです
経歴はいつわってませんし私は女性です
その発言は不当では？
おかしいことを言われたらもっと戦えたし
権利を主張していい部分もあった…
私は一人で悔しくて泣いてた時が長かったから
もっと周りには支えがあるって言いたいですね
疑問があったらLGBTQイベントでいろいろきいてくださいね
同じように悩んでいる方々へ伝えたいことはありますか？
性別適合手術は体にとっても負担だし
手術をすればすべての悩みが解決するわけじゃない
性別適合手術
ホルモン治療
そのまま
選択肢はいろいろありますよね
だけど
私にとっては選択肢はそれ以外ない、選びようがない道だった
だから後悔はしませんでした

性別が変わっても悔しい思いをすることは多かったけど…
絶対幸せになってやるって気持ちも大きかったんですよ
君のことは判断しかねるので試用期間を2ケ月延長で…
痴漢？女性と思われてよかったじゃないですか
いいわけないじゃん!!
絶対負けない！幸せになってやる！
性別のことで辛くて死にたくなった時
好きなこと全部やる!!
どうせ死ぬなら自分がやりたいこと全部かなえてから死のうって思うようになりました
メラ
メラ
性別のことにがんじがらめになってしまうのはその時間が長ければ長いほどもったいないようにも思います
だから自分の性に呪われないでください
好きなことをして生きたい人生を生きていってほしいです！
いいね！

- **18歳以上であること**
- **現に婚姻をしていないこと**
- **現に未成年の子がいないこと**
- **生殖腺がないこと又は生殖腺の機能を永続的に欠く状態にあること**
- **その身体について他の性別に係る身体の性器に係る部分に近似する外観を備えていること**

司法統計によると、この特例法施行から、同法に基づき性別変更をした人は2020年までで1万人を超えているそうです。条件にある通り、戸籍変更のためには卵巣や精巣を摘出し、生殖機能を失わせる不妊手術を受けることが前提になっています。**そのため、性同一性障害の診断を受けても、生殖機能を失うことがネックとなり、戸籍変更ができない当事者も多くいます。**

2018年からは、手術療法に対する保険診療（健康保険の適用）が開始されました。でも、ホルモン療法については、自由診療（健康保険の対象外）のままとなっています。日本では自由診療と保険診療とを組み合わせて使うことは「混合診療」として禁止されています。

そのため、ホルモン療法を先に始めている当事者の多くは結局手術療法も健康保険の適用外となり、100万円以上することもある高額な手術費用を負担しなければなりません。しかも、ホルモン療法には副作用も伴います。

一度の投与で劇的な変化があるわけではなく、やめれば効果は続かないため、継続して投与していかなくてはならないという課題もあります。

こんな状況をふまえ、ホルモン療法にも保険適用を拡大する要望や、戸籍変更の要件から不妊手術を除外してほしいと訴える運動等も起きています。

国際的な動きとしては2014年にWHO等が、生殖能力を失わせる性別適合手術を法律上の性別変更の要件とすることを批判する共同声明を公表しま

性同一性障害と性別移行について

「トランスジェンダー（Transgender）」は、自分の生まれ持った体の性と、性自認（Gender Identity：自分自身が自分の性をどう感じているか）が異なり違和感を持つ人の総称となります。

トランスジェンダーの人の中には、自分の身体を心の性別に近づけることや、戸籍上の性別の変更を望む人もいますが、“反対の”身体・戸籍の変更を希望しない人や、性別が男女の二つに分かれることを前提とする考え方自体に違和感を覚える人もいます。また身体への違和感や、社会の性別に対する規範・プレッシャーから、メンタルヘルスへの悪影響を及ぼすこともあります。

性別への違和感の要因は、現段階では明確な根拠として断定できるものはわかっていません。**個人差がありますが、性別への違和感は乳幼児期から抱くことも珍しくはなく、特に思春期に強くなることが多いようです。**

自分の身体への嫌悪感や将来への不安、自傷行為、不登校につながることもありますが、性別の違和感や性指向はゆらぐこともよくあると言われていて、付き合うことが非常に難しい側面を持っています。

日本では、性同一性障害（GID: Gender Identity Disorder）に関する診断と治療のガイドラインがあります。注射や内服薬などで性ホルモンを取り入れることで典型的な男性もしくは女性の身体的特徴に近づくことができるホルモン療法や、性別適合手術や乳房切除などの手術療法など、性別移行にかかわる治療を受けるには、２名の精神科医により性同一性障害の診断を得ることが必要とされています。

そして、2004年に施行された「性同一性障害者の性別の取扱いの特例に関する法律（以下、特例法）」により、以下の５つの条件を満たせば戸籍上の性別を変更できるとしています。

このような流れをふまえ、日本や社会制度のあり方はどう変わっていくべきか、これからの議論に注目が集まっています。

参考：

・針間克己 , 平田俊明編著 ,「セクシュアル・マイノリティへの心理的支援」(2014)

・葛西真記子編著 ,「LGBTQ+ の児童・生徒・学生への支援」(2019)

・GID (性同一性障害) 学会　http://www.okayama-u.ac.jp/user/jsgid/

・日本精神神経学会「性同一性障害に関する診断と治療のガイドライン第4版」
https://www.jspn.or.jp/uploads/uploads/files/activity/journal_114_11_gid_guideline_no4.pdf

・藤戸 敬貴 ,「法的性別変更に関する日本及び諸外国の法制度」(2020)
https://dl.ndl.go.jp/view/download/digidepo_11464349_po_083004.pdf?contentNo=1

・はじめてのトランスジェンダー
https://trans101.jp/

・東優子ら翻訳 , 世界性の健康学会「性の権利宣言」より
https://worldsexualhealth.net/wp-content/uploads/2014/10/DSR-Japanese.pdf

した。現在では、手術を受けなくても、さらには医師の診断書がなくても法的な性別変更を承認する国が増えています。

2023年10月、日本でも、トランスジェンダーの人が戸籍上の性別を変更する際に、生殖機能をなくす手術が必要になる「性同一性障害特例法」の規定（生殖不能要件）が個人の尊重を定めた憲法13条に反するという判断を示しました。

外観要件については最高裁では判断されず高裁に差し戻しとなりましたが、今回の判決で生殖能力を失う手術の要件は無効となり、法律の見直しを迫られています。

また、WHO は2022年発行の「国際疾病分類」改定版（ICD-11）で性同一性障害を「精神障害」の分類から除外し、「性の健康に関連する状態」という分類の中の「性別不合（Gender Incongruence）」に変更しています。

米国精神医学会では、「性別違和（Gender dysphoria）」を「出生時に割り当てられた性別と性自認とのあいだの不一致から生じる心理的苦痛」として記載し、出生時の性別と性自認の不一致自体は病気ではないもの、当事者が望めばホルモン療法や手術等の医療行為を受けられる選択肢を残しています。

病気ではないとすることで、スティグマ（差別や偏見により植え付けられるネガティブなイメージ）が軽減され、医療サービスへのアクセス改善にもつながることが考えられます。

かつては、同性愛も精神障害とみなされていた時代がありました。

でも、今は非病理化運動を経て、1990年 5 月17日に国際的な診断基準から削除され、現在は病気とみなされていません。

セクシュアリティに関する医学的治療の指針として、「性的少数者を性的多数者にする」のではなく、当事者たちのさまざまなセクシュアリティを支持する方向へと変わってきています。

おとなりさん⑫　きのコ　ポリアモリーとして生きる

離婚日は「人を愛する自由を手に入れた日」だと思った
晴れ晴れしかった
自分の人生を自分で築いていく覚悟ができた日だ
離婚届
鉛筆や消すことのできるペンで書かないでください。
今回のおとなりさんはきのコさん！
こんにちは！きのコです
文筆家をしています
〈性のあり方〉
体の性：女性
好きになる性：あらゆる性別の人
自認する性：？
ライフスタイル：ポリアモリー

あれ？ きのコさんは自認する性が「？」っていうのは どういうことでしょうか？
好きになる性別を 問わないっていうのは にもさんと一緒ですね
からだの性：女性
好きになる性：あらゆる性別の人
自認する性：？
ポリアモリー
私は『ジェンダークィア』って 自認をしているんだけど
自分のジェンダーが 女性っていう認識が ないんだ
っていうか ジェンダーって 概念が よくわからない ！！！！
ばーーん
おおお…
男とか女とか 押し付けられた服を 着せられたくないって 感覚かな
中性とか 無性とかも しっくりこないし
なるほどー
そのよくわからない っていうのが きのコさんにとっての 『ジェンダークィア』 なんですね

うわあ…
カワイー
キター!!
きゃあああぁ
昔から『女の子らしい』と呼ばれるスイーツとかキャラクターが苦手で…
女性として不完全なんじゃないかと感じることもあったかな
うーむ
でも何が好きかは性別ではっきり分かれるわけじゃなくて人それぞれですよね
どーん
そう、でもそういうジェンダーとか恋愛の対象が誰なのか以上に私が悩んだのは
物心ついた時からあった『複数人を好きになってしまう』という自分の性質!!
だってみんな好きなんだもん!

みんな大好きだよー!
それが『ポリアモリー』のライフスタイルとつながっていくんですね
ポリアモリー:合意の上で複数のパートナーと関係を築く恋愛スタイル
ポリアモリーって厳密には心のありようを指す言葉ではないんですよね
そう、本来ライフスタイルとして使われている言葉なんですよね
だけどその背景には私のように複数の人を好きになってしまう心のあり方が大きく関連しているように感じているよ
なるほど でも、世間ではポリアモリーについての誤解も多いですよね
ほんとそれ!
くわっ
ポリアモリーのよくある誤解① 浮気や不倫と変わらない
あるあるですねー…
ポリアモリーはかかわる人全員が複数人と性愛関係を持つことに合意して納得あるパートナーシップを築くってことなんだよ
私には他につきあっている人2人いるけどOK?
OK
新しい彼氏になってほしい人がいるんだけどOK?
OK

ポリアモリーは かかわる人みんなの 「合意」が大事！！！！
合意
だからそもそも 嘘のある浮気や不倫とは 異なるというのが大前提 なんだよ
ポリアモリーのよくある誤解② 性に奔放／セックス依存症
あるある ですねー…
中にはそういう人も いるかもしれないけど ポリアモリーだから って誰とでも やりまくる人 っていうのは 勘違い
必ずしも恋愛関係と セックスがセットって いうわけではないですしね
ポリアモリーの 対義語として モノガミーというのが あるんだけど 『私はモノガミーです』 と言った時に 『じゃああなたは一人の人と セックスする人なんですね』 って言われたらどう思う？
すごく違和感 あります…
うーん
でしょー

ポリアモリーの
よくある誤解③
我慢が足りない
誰かとお付き合いをしていても他の人を好きになって浮気や不倫までいってしまう
そんな自分が変だと思って嫌いで仕方なくて…
つきあおう!
うわあかわいい
また浮気してしまった…
それを何とか治そうとして27歳で結婚してみたの
けどやっぱり自分の気持ちが止められなくてね
離婚届
結局28歳で私の不倫が原因で離婚することになったのね
結婚までしても自分は変わらないんだと開き直れた!
もうわたしはポリアモリーとして生きていくんだー!
離婚届
ポリアモリーとしての生き方を選択しようとその時決心したんだ

grow apart って言葉があるんだけどお互い成長するために離婚するって考え方が好きで
離婚によって自分の人生を自分で築く覚悟ができたと思ってる
自分の人生を歩むぞ！
だから離婚日を人を愛する自由を手に入れた日として友達とお祝いするようになったんだ
毎年やってますよね独立記念日！私も参加したことあるけど素敵な雰囲気でした！
ところでポリアモリーをパートナーに理解してもらうのは大変でしたか？
ポリアモリー？とりあえずつきあってみるか
はなしあって色々きめようかー
最初は相手もポリアモリーについてよくわかってなかったけれどとりあえず試行錯誤していった感じかなー

嫉妬したりされたりも
あるけれど
でもそれで
その人への好きな気持ちが
減るわけじゃないからね
だからこそ諦めず
話し合うことができる
諦めず…
それなんだけどね
やっぱりね
対話を諦めないって
大事なんだよ！
根気よくパートナーと
話し合って、お互いの
違いをすりあわせて
いくんだ
何がしんどいか
何が心地よいか
うんうん
相手と向き合うことを
諦めないって
どんな関係性でも
必要なことですよね

ポリアモリーって自分にもパートナーにも誠実であろうとする生き方の一つなんだよね
私がポリアモリーとして生きることを選んで自由になったと感じたようにみんなが自分らしく生きられるようなパートナーシップの中にあればいいなって思ってる
オープンリレーションシップとかオープンマリッジとか…色々なかたちがありますよね
みんな違ってみんないい、パートナーシップも多様なんだよね
もっと自由に人を愛していい
それに気づくためのプロセスとしてポリアモリーって生き方があるってことが社会に広がるといいよね
すてきー!

ポリアモリーの対となる言葉として、一夫一妻制を意味するモノガミーや、一人の相手と恋愛関係を持つことを意味するモノアモリーが使われることもあります。パートナーを一人に限定し、他の人とは性愛関係を結ばないことを前提とする現代の日本社会もモノガミー的な規範（こうあるべきという社会的な価値観）が前提となっている文化圏にあると言えるでしょう。

一方で、世界には一夫多妻制が認められている国・地域があります。

また日本でも江戸時代には妻の他に妾を囲うことは、上流武士社会や裕福な町人層においては一般的に行われていたそうです。ポリアモリーと一夫多妻制といった結婚制度は厳密には異なるものですが、複数のパートナーとの恋愛・性愛関係を結ぶことについての考え方は、文化や時代によっても変わってくるとも言えます。

ポリアモリーと類似するものとして、恋愛・性愛関係にあるパートナーに対し、自分以外とも性愛等による親密な関係性を結ぶことに合意している「オープンリレーションシップ」や、それが婚姻しているパートナーの場合には、「オープンマリッジ」という関係性もあります。

それぞれの人の性のあり方や恋愛感情・性愛感情が多様であるように、人との結びつきによる関係性も多様なはず。

どのような関係性やライフスタイルであれば、自分も周囲の人も心地よく幸せを感じることができるのか、自分や相手の気持ちに向き合い、合意を大切にしながら模索するポリアモリーから学ぶことは多いのではないでしょうか。

参考文献
きのコ , 2018,『わたし、恋人が 2 人います。～ポリアモリーという生き方～』WAVE 出版
深海菊絵 , 2015,『ポリアモリー 複数の愛を生きる』平凡社新書

ポリアモリーとは

ポリアモリー（Polyamory）とは、ギリシア語の「複数（poly）」とラテン語の「愛（amor）」に由来する造語です。

「すべてのパートナー（恋人・配偶者）の合意の上で、同時に複数のパートナーと恋愛・性愛関係を結ぶ実践やライフスタイル」と定義されることがありますが、パートナーシップについて性愛を前提とするかどうか等、さまざまな解釈があり、一つの定義に定まっているというわけではありません。すべてのパートナーの合意を得るという点で、相手に隠れてする「浮気」や「不倫」とは異なる関係性となります。

ポリアモリーの性愛関係の特徴として、下記の4つがあると言われています。

1) 合意に基づくオープンな関係
2) 身体的・感情的に深くかかわり合う持続的な関係
3) 所有しない愛
4) 結婚制度にとらわれない自らの意思と選択による愛

そのため、不特定多数の人と短期的に性的な関係をもつ関係とは異なります。

また、ポリアモリー当事者を「ポリー」と呼ぶこともありますが、ポリーも多様です。先ほどのストーリーで紹介したきのコさんによれば、「『自分は複数人とのお付き合いはするけど、パートナーには他の人を好きになったりお付き合いしたりしてほしくない』という人もいれば、『お互いに複数のパートナーがいていい』という人もいる」そうです。

また、パートナーが複数のパートナーを持つこと自体に合意したとしても、嫉妬心を抱かないとは限りません。そのため、どのように自分・パートナーの気持ちと向き合っていくかも、ポリアモリーを実践する上での課題となります。

おとなりさん⑬ ラビアナ・ジョロー　ドラァグクイーンとして発信する

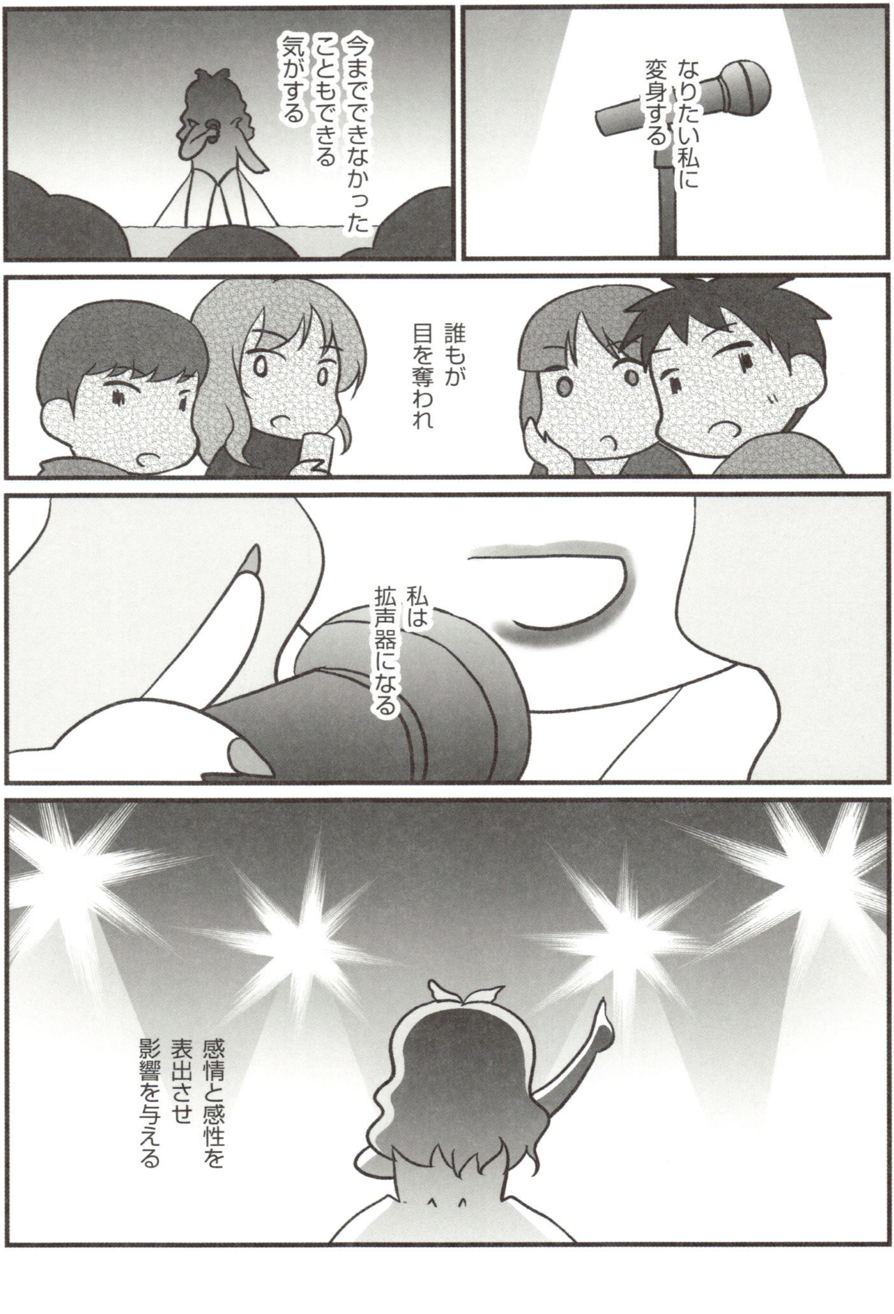
なりたい私に変身する
今までできなかったこともできる気がする
誰もが目を奪われ
私は拡声器になる
感情と感性を表出させ影響を与える

そう、私はドラァグクイーン
圧巻のパフォーマンスでした！
今日のおとなりさんは先ほどまでステージに立っていたこの方！
控室に突撃しちゃいましょう
ノックノック
ようこそー
こんにち…！
えっ!?
ラビアナさん…!?

これが普段のお姿なんですね！
ショーがおわってさっぱり
ラビアナといいます
普段は会社員をしながら
ドラァグクイーンとして活動しています
〈性のあり方〉
体の性：男性
好きになる性：性別にかかわらない
自認する性：ジェンダークィア
（男性・女性どちらにも当てはまらない）
ドラァグクイーンについてなんですが
トランスジェンダーとドラァグクイーンはどう違うのでしょうか？
トランスジェンダーはその人のありよう
誰であるかを表すもの
性自認は男、女、男でも女でもない、どちらでもあるなど
体の性と性自認が
一致
シスジェンダー
一致しない
トランスジェンダー
ドラァグクイーンはジェンダーを表現に使ったアートや職業
表現としての女装！

ドラァグクイーンは異性装が禁止されていた時代にクィアなパーティで女装をしたゲイ男性が発祥です
『長いドレスを引きずる（ドラァグ／Drag）の女王様だ』と言ったことがその名前の由来という説があります
歌舞伎もドラァグの一種とする人もいるんですよ
そうなんだ！
男装パフォーマーのドラァグキングもあります

ラビアナさんがドラァグクイーンを始めたきっかけは？
Full Glam Makeup☆
もともとメイク動画が好きでよく見ていたんです
かっこいい…
そして社会人になり退屈していたある日
ハロウィーンにドラァグクイーンやってみない？
えっ まじ!?
やっちゃう?
やっちゃうか
これが初めてのチャレンジでした
にあう!
ハロウィーン当日
カッ!

わぁ〜〜〜〜〜!!!!!
キャー
写真撮ってもいいですか?
!
え…いいよ!
パシャ
写真とっていいですか
またいこよ!!
わー!
とても楽しくてまた女装してクラブに遊びに行くようになったんです〜

ある日…
ちょっと！
あなた絶対ショーやった方がいいよ！
オーガナイザー紹介してあげる！
えーー!?
いいんですか!?
そしてイベントに呼んでもらうように…
また次も…
という感じでどんどん活動の幅が広がっていきました
そしてラビアナさん胸毛を強調するスタイルが目を引きますよね
初めてこの格好をした時は誇張された女性らしさを表現するために
体毛を剃っていたんですが

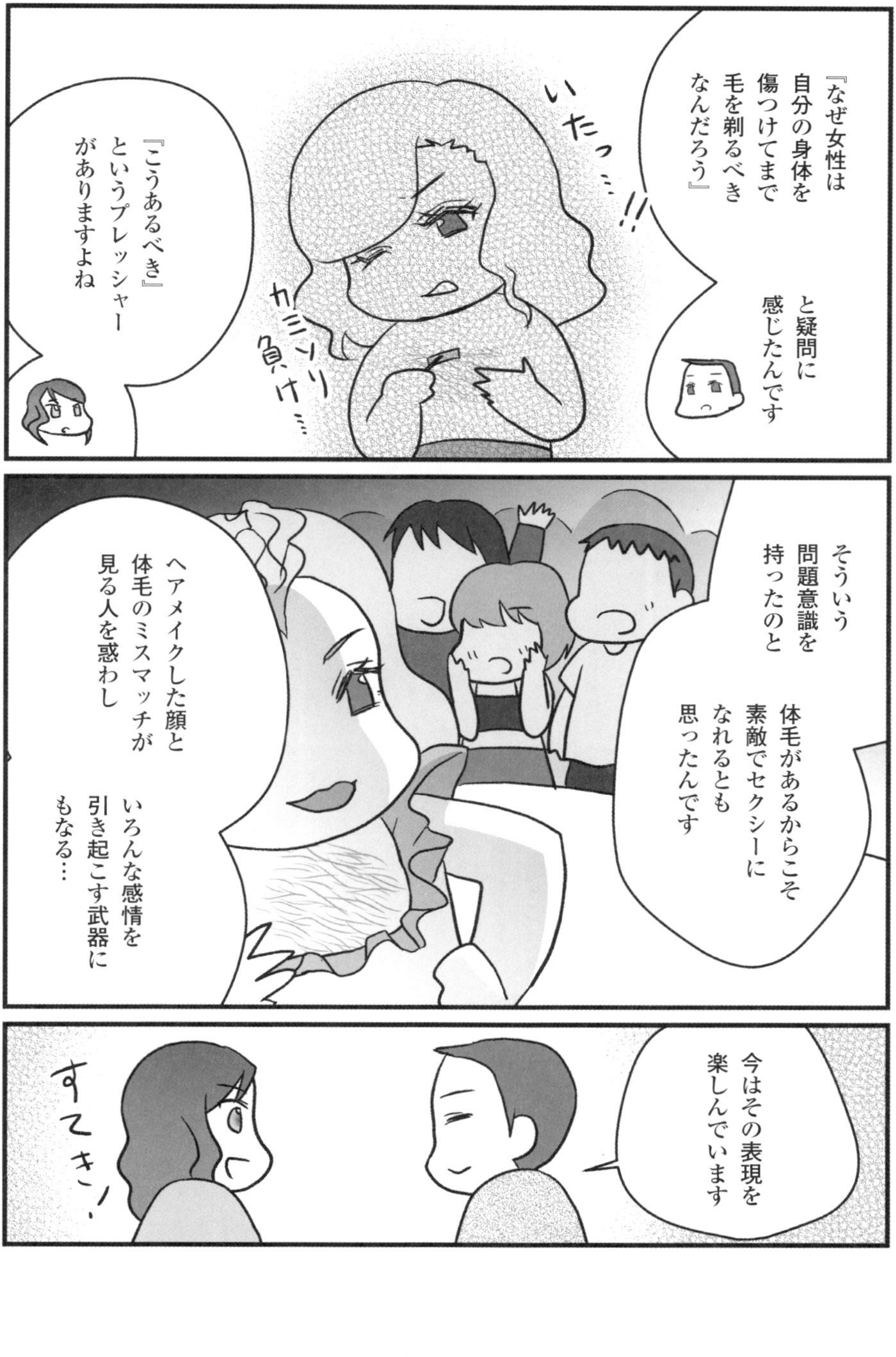
『なぜ女性は自分の身体を傷つけてまで毛を剃るべきなんだろう』
と疑問に感じたんです
いたっ…!!
カミソリ負け…
『こうあるべき』というプレッシャーがありますよね
そういう問題意識を持ったのと
体毛があるからこそ素敵でセクシーになれるとも思ったんです
ヘアメイクした顔と体毛のミスマッチが見る人を惑わし
いろんな感情を引き起こす武器にもなる…
今はその表現を楽しんでいます
すてき!

そして性教育パフォーマーとしても活動されているんですよね
Hしたいのは自然の摂理
その前に取りたい性的同意
クラブってお酒も入るし出会いの場にもなっていて
性の健康について一番アンテナを張ってほしい層が来るところ
でも学校の性教育は届いていなくて…
同性同士だしコンドームいらなくないって？
性感染症予防はしなくていいの
彼らに知ってもらうきっかけになればとパフォーマンスに性教育の要素を取り入れて
性感染症検査や性的同意のことも伝えています
酒は判断にぶらす要因
シラフかどうか必ず要確認
どうする？、
性病と避妊

性のことって授業だと堅苦しくなるけど
性的同意って大事よ！
シラ〜
ドラァグクイーンの格好をすると
「やなの？」とささやいてエロ同意！
みんな興味や関心を持って見てくれるんですよね
自分と相手を大切にすることをもっと気軽に身近に感じられたらと思っています
いいね！
反応はどうでしたか
パフォーマンスを見た人やSNSでフォローしてくれた人から連絡があって嬉しかったですね
初めて検査しました！
初めて選挙に行きました！
投票
すごい！届いてますね

私は子どもの頃ブラジルにいたことがあって
性にオープンな部分もあるけど宗教的に保守的な面もあり
息苦しさを感じたこともありました
小学生がラケットを使ってコンドームの着け方を学ぶ……
同性愛?けしからん
えぇー……
女々しいと馬鹿にされたことがあって
自分に自信を持てないこともあったんです
あいつ女々しいよなー
女性っぽい顔立ちと毛深さもコンプレックスでした
同じような経験をした人にどんな声をかけてあげられるでしょうか?
そうですね
つらい時は環境を悪者にして言い訳に使ってもいいと思うんです
はぁー……いいかげん……
だからダメなんだ

けれど
本当に世の中は
広くて
いろんなことを
やってる人がいます
あなたは悪くない
社会の仕組みが
追いついていないだけ
もっといい
環境は
あるから!
広い世界で
もっと楽しいことが
たくさん待っていると
思ってほしい!
キラッ
楽しさ、
大事ですね!

抗した運動として、翌年にストーンウォール１周年を記念した大々的なデモ行進がニューヨークで行われました。これがその後、プライドパレードとして全米、そして世界に広がり、セクシュアル・マイノリティの人権運動へとつながっていったのです。

また、ストーンウォール事件が起こった６月は、「プライド月間（Pride Month）」として、世界各地で LGBTQ+ の権利を啓発する活動・イベントが実施されている他、近年は企業や自治体による発信や企画も増えています。

始まりは LGBTQ+ の人たちの抵抗運動でしたが、今では多様性を尊重し合える社会への変革を目指すイベントとして、世界中に広がっているプライドパレード。日本でも、東京だけではなく全国各地で行われています。まずはお住まいの地域や出身地の様子を、調べてみてはいかがでしょうか。

全国各地のプライドパレード／イベント

・さっぽろレインボープライド
・金沢プライドウィーク
・名古屋レインボーパレード
・レインボーフェスタ！(大阪)
・徳島レインボーフェスタ
・島根レインボーパレード
・九州レインボーパレード
　など

参考：
・特定非営利活動法人東京レインボープライド「プライドパレードを知る」
https://tokyorainbowpride.org/parade/
・特定非営利活動法人東京レインボープライド「世界のプライドパレード」
https://tokyorainbowpride.org/parade/world/

Column13

レインボープライドってどんなもの？

2023年４月に東京・代々木公園で開催された東京レインボープライド2023では「変わるまで、続ける」をテーマに、合計で約24万人もの人が参加しました。

レインボープライドの「レインボー」は性の多様性の象徴、「プライド（Pride）」は英語で「誇り」という意味。プライドパレードは、LGBTQ+ への偏見や差別のない社会を目指す「セクシュアル・マイノリティのパレード」を指すものとして広く国際的に認知されており、パレード前後のイベントを含めた総称として使われることもあります。

新型コロナ禍でオンライン開催となった年もありましたが、かかわる人や参加する企業が増えて、規模が年々拡大していて、毎年参加するたびにその勢いを肌で感じています。

イベントではさまざまな企業や団体がブースを出しており、展示やグッズ販売、アーティストによるパフォーマンスなども開催され、年齢・性別を問わず楽しむことができます。また、プライドパレードでは、たくさんのフロート（装飾された乗り物）と人が渋谷の街中を練り歩き、道行くたくさんの人も足を止めていたのが印象的でした。友人たちは「どのフロートと歩く？」という話題で盛り上がっていて、私も家族と一緒に参加しました。

プライドパレードは、アメリカやカナダ、オランダ、イギリス、台湾、韓国、ベトナムなど、世界各地でも開催されています。このプライドパレードの発端となったのは、1969年６月28日にニューヨークで起こったストーンウォール事件。

ニューヨークにある「ストーンウォール・イン」というゲイバーが警察による不当な踏み込み捜査を受けた際、その場に居合わせたLGBTQ+ の人たちが警官に真っ向から立ち向かい、暴動を起こしたのです。権力に抗議・抵

おとなりさん⑭　遠藤まめた　世の中をサバイブする

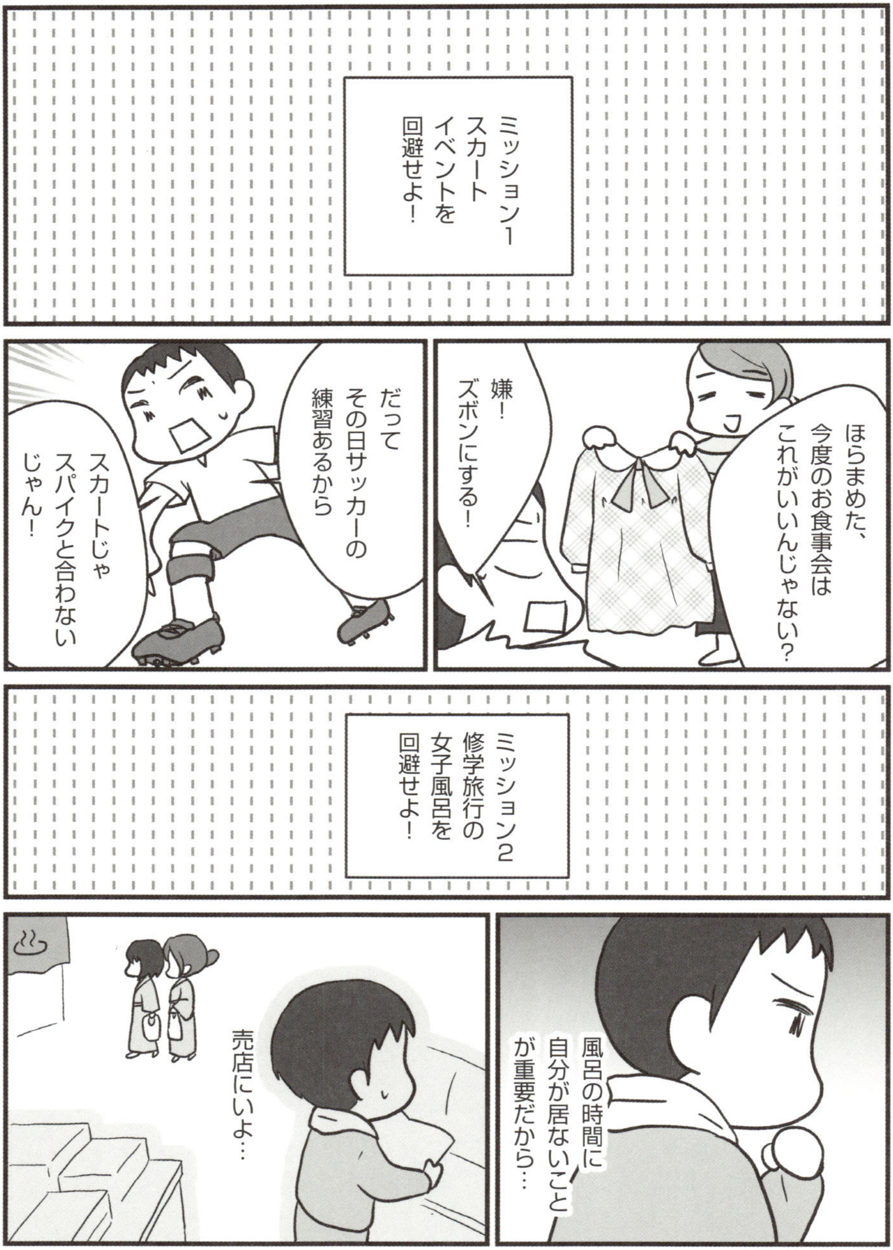
ミッション1 スカートイベントを回避せよ！
ほらまめた、今度のお食事会はこれがいいんじゃない？
嫌！ズボンにする！
だってその日サッカーの練習あるから
スカートじゃスパイクと合わないじゃん！
ミッション2 修学旅行の女子風呂を回避せよ！
風呂の時間に自分が居ないことが重要だから…
売店にいよ…

性別の押し付けを
回避するなら
どんな策だって
練ってやる
だって
このまま女子として生きられない
自分の細胞に女子と書かれていたら気持ち悪くて耐えられない…！
策士ですね…
策を練り続けた10代でしたよ…
そんな今回のおとなりさんは遠藤まめたさん！
こんにちは LGBTQ＋の若い人たちの居場所づくりをしてまーす 「にじーず」で検索してね
〈性のあり方〉
体の性：生まれた時は女の性別を割り当てられた
好きになる性：女性
自認する性：どちらかと言えば男性

居場所作りって
どういうことでしょう?
よっ
普通にゲームしたり
おしゃべりしたり
まったりしたり…
性の話をすることもあるけど
そうじゃない話も含めて
ざっくばらんに
のんびり過ごしています
まめたさんが
居場所作りを
しようと思った
きっかけは
ありましたか?
10代の時
自分のような人を
学外で探したのだけど…
こんな感じするの自分だけなのか…?
勇気を振り絞って行ったのに
なかなか自分と同じような人と
出会えなくてね
大人しかいないんですか?
若い子に紹介できる場がなくてさー
だから
10代のLGBTQ+の
居場所を作ろうと
動き出したわけ

若い子たちが
ただその子らしく
いられる居場所って
大事だなと思って
それで全国各地に
作っています
これからも
増やしていきたい
ですね
にじーずに来る人たちは
どんな子が多いですか？
学校で同じような
セクマイ、セクマイかも
しれない人に
出会えてなくて
考えすぎてつらく
なっちゃったり
自分のセクシュアリティが
よくわからない、
けど自分で決めなくちゃ
いけないと覚悟決めて
くる子もいるかな
性別って必ずしも
はっきり決めたり
できるものでは
ないですしね…
そう、ゆらぐのも
自然なことだし
自分だけじゃなかった、
よかった、
一人じゃなかったって
言われることも多い
ですよ
友達を見つける
ことでしか
解決できないことって
あるから

まめたさんは学生時代
つらかったことは
ありますか？
冒頭の…
スカートが嫌で、
それをどう
かいくぐるかとか、
修学旅行で女風呂
入らされるとか
作文で「僕」の方が
しっくりくるのに
「私」って書かされるとか
「女子同士でグループに
なって〜」とか、
性別を押し付けられる
のはつらかった…
「私」でしょ
えー…
女子3人でグループな
えー
たしかに
学校では「男女」に
分けられることって
多いですよね
トイレ…？
あとトイレは
学校でもそうだったし
今も困る！
こまること…？
外出する前には
まず真っ先に
男女共用トイレが
どこにあるか確認してます
今日は池袋に行くから
男女共用トイレはあそことあそこか…
女子トイレはあるけど…
そんな苦労も
あるんですね！

スウェーデンに旅行した時
トイレは男女共用の個室が
当たり前だったから
おお…！
自分が性別の
マイノリティであることを
一切感じなかったなぁ…
日本では
性別を問わないトイレは
障がい者や
特別な理由がある
マイノリティだけ
のものみたいな
雰囲気があって…
マイノリティ
トイレ
自分の
性のあり方を
カミングアウト
しないと
安心できるトイレを
使えないのは
つらいよね
視線が…
ちらちらっ
ちら
「第3の性への特別な配慮」
じゃなくて
どんな性のあり方で
あっても尊重されて
違和感なく使える
選択肢があるとよさそう！
ジェンダーレス制服みたいな
そうそう!!

生きづらさや学校生活でのモヤモヤを抱えている若い子たちができることってありますか？
たとえば、
・図書館に多様な性に関する本を置いてもらう
・多様な性に関するイベントに参加する
・学内に多様な性について話せるコミュニティを立ち上げる
・ゆるめの映画上映会やお茶会を企画するのもおすすめ！
LGBTQトーク
先生へのお願いリストをまとめて周知するのもいいですよ
じゃ〜ん
おねがいリスト
おお！どういうリストなんですか？

不要な性別欄、不要な男女分けをなくしてほしい
男女2人ずつグループ作ってー
ではなく
4人でグループ作ってー
修学旅行の時、理由を言わないでも個室入浴可にしてほしい
おふろはみんなと別に…
いいよー
LGBTQ勉強会
先生が多様な性について勉強する機会を持ってほしい
男だからがんばれるだろ
女子は器用だからこれ作って
こういうのはやめてほしい
「そこの女子！」「男子は～だから」などと男女で一括りにして扱わないでほしい
これは高校生の当事者や友人たちが作った、お願いしたいことリストなんですよ
そうなんですね！
ここにまとまってるからよかったら見てみてください～
https://tinyurl.com/2mrbolj6

性のあり方について悩んでいる若い人たちにアドバイスはありますか？
そうですね…
いろんな人に会ってほしいかな
YouTubeとか映画ドラマでもいいから
いろんな人の生き方に触れることで見えてくるものや感じるものがあるはず
自分の気持ちを紙に書いてみたり言語化してみるのも大事なことだよ
『自分がおかしい、間違っているのかな…』と思わせる仕組みが社会にあるのかもしれないから
その仕組みに疲れたら別の場所で別のルールのところなら意外とうまくいくこともあるかも

今いる場所で
一人で戦わなくては
いけないってことは
ないと
ぜひ覚えておいて
ほしいな
これまで戦ってきた
策士は
ここにいるからね！
ばーん！
一緒に作戦会議しよう！

https://ptokyo.org/

■ NPO 法人 レインボーコミュニティ coLLabo［関東］

レズビアンと多様な女性が伸びやかに生きられる社会を目指し、多様なセクシュアル・マイノリティ女性に向けた情報発信や啓発等の活動をしています。

https://co-llabo.jp/

■ QWRC（くぉーく／ Queer and Women's Resource Center）［全国］［関西］

LGBTQ などの多様な性を生きる人やその周辺にいる人と、女性のためのリソースセンターです。にじいろQLINE 相談では、LGBTQ に関する悩みを LINE で受け付けています。

LINE 友達登録：ID@q_line_soudan

http://qwrc.org

■ NPO 法人 ASTA［東海］

性的マイノリティについて教育現場や行政での出張授業をしています。当事者の子どもたちが集まる交流会や、当事者の子を持つ親が交流できるオフラインの会も主催しています。

https://asta.themedia.jp/

■ NPO 法人 LGBT の家族と友人をつなぐ会［全国］

レズビアン、ゲイ、バイセクシュアル、トランスジェンダーの家族や友人による会。ミーティングや講演会などを行っています。

http://lgbt-family.or.jp/

Column 14

LGBTQ+に関する支援・相談機関

支援団体・相談窓口

■よりそいホットライン［全国］

どんな人の、どんな悩みにも寄り添って、一緒に解決する方法を探す、24時間・365日の無料電話相談。専門の相談員が対応します。性別や同性愛などにかかわる相談は、ガイダンス #4を押してください。

TEL：0120-279-338

（岩手県・宮城県・福島県からは）TEL：0120-279-226

受付日時：24時間・365日対応

https://www.since2011.net/yorisoi/

■NPO 法人 アカー［全国］［関東］

HIV ／エイズや性的指向および性自認に関する問題を改善するため、電話相談・エイズ／ STD 情報ライン・法律相談などの各種専門相談、また、エイズの予防啓発イベント、調査研究などをしています。各相談の受付日時は、ホームページを参照してください。

https://www.occur.or.jp/

■特定非営利活動法人ぷれいす東京［全国］［関東］

HIV 陽性者とその周囲の人のための電話相談や対面相談、ピアサポートなどの支援を行っています。予防啓発やさまざまな調査・研究、情報発信などを通し、HIV ／エイズと共に生きる人たちが自分らしく生きられる環境（コミュニティ）を創り出すことを目指して活動しています。各相談の受付日時は、ホームページを参照してください。

居場所・コミュニティーセンター

■一般社団法人にじーず［全国］

LGBT（かもしれない人を含む）の子ども・若者の居場所作りを目指し、10代から23歳までのLGBT（かもしれない人を含む）が集まれる交流会を定期的に開催しています。会場は札幌、埼玉、東京、新潟、長野、京都、大阪、神戸、岡山などで、いずれも参加は無料。

https://24zzz-lgbt.com/

■コミュニティーセンター akta［関東］

新宿二丁目にあるHIV/エイズをはじめとしたセクシュアルヘルスの情報センターです。セクシュアリティにかかわらず、誰もが利用できます。バーやクラブ、ショップなどの情報、セクシュアリティのことやメンタルヘルスに関する情報、HIV/エイズの最新情報や検査に関する情報などが揃っています。

https://akta.jp/

■プライドハウス東京レガシー［関東］

2020年東京オリンピック・パラリンピックを契機に、新宿でLGBTQ+に関する情報発信を行い、安心・安全な居場所を提供することを目的に立ち上げた施設です。 オフライン・オンラインのイベント企画を実施する多目的スペース、相談支援を行う個別スペース、日本の「LGBTQコミュニティ・アーカイブ」を収めるライブラリー等を有しています。

https://pridehouse.jp/legacy/

■認定 NPO 法人虹色ダイバーシティ［全国］［関西］

LGBT 等の性的マイノリティとその家族、アライの尊厳と権利を守り、誰一人取り残さない社会の実現を目指し、LGBTQ+ 研修・コンサルティング、調査研究・アドボカシー、イベント等の事業を行っています。

https://nijiirodiversity.jp/

■認定 NPO 法人 ReBit［全国］［関東］

LGBTQを含めた全ての子どもが、ありのままの自分で大人になれる社会を目指す認定 NPO 法人です。LGBTQ の人も LGBTQ でない人も、大学生や20代の若者を中心に、約600名が参加し、教育、教材 / 調査報告、キャリア事業などを行っています。

https://rebitlgbt.org/

■ジョブレインボー［全国］

LGBTQ+ 転職・就活の求人サイトです。

https://jobrainbow.jp/

■つながる にじいろ on ライン（つなにじ）［全国］

SOGIE（性的指向・性自認・性別表現）に関する全国版 LINE 相談

LINE 友達登録：ID @662uwyvf

https://sogie-j.org/

その他、地域の弁護士会や、男女共同参画センター、学生相談室等でも専門の相談窓口を設けているところもあります。

ろう難聴者向け支援

Tokyo Deaf LGBTQ bond［関東］

ろう難聴者でセクシュアルマイノリティの人たちへの支援を行うため、当事者によって設立された団体です。LGBTQ+ に関する情報提供や、手話講座の開催、手話通訳の派遣事業、相談支援などを実施しています。

https://tokyodeaflgbtbond.jimdofree.com/

Deaf LGBTQ Center［関西］

ろう難聴者でセクシュアルマイノリティの人たちの支援を行う、当事者団体です。

イベントの開催や、サポートブックの発行、手話通訳の派遣事業、相談支援などを実施しています。

https://sites.google.com/view/deaf-lgbtq-center/home

※2025年１月現在の情報です。

■特定非営利活動法人 SHIP［関東］

セクシュアルマイノリティの人たちのためのコミュニティースペース「SHIP にじいろキャビン」（横浜市）の運営や、各種イベント・交流会などを行っています。

http://ship-web.com/

■プライドセンター大阪［関西］

大阪の天満橋にある常設 LGBTQ センターです。LGBTQ だけでなく、その周囲の人、LGBTQ に関して学びたい人など、誰でも利用できます。オープンスペース（LGBTQ ミニ図書館、フリー Wi-Fi）や個別相談を実施しています。

https://pridecenter.jp/

おわりに

本書で取り上げた人たちのエピソードは、ほんの一握りにすぎません。
また、社会的に活躍している方が中心となっており、実際には描き切れていないセクシュアリティや現実に起こっている課題も多いかと思います。

それでも、インタビュイーの皆様には、真摯にご回答いただき、ご自身のプライベートや大切な過去の思い出など、率直な想いを語ってくださり、またマンガとしての表現を丁寧にご確認いただきました。
この場を借りて改めてお礼申し上げます。

かつて、新宿二丁目に足を踏み入れた21歳の私は、「新宿二丁目とそこに集う人」を自分とは異なる要素を持つ調査対象として眼差していました。しかし、私たちの社会では、見えていないだけで、すでに多様なセクシュアリティの人たちと共に支え合いながら生きている、ということを今は知っています。私自身も「女性」として生きることに抑圧や不平等を感じ、性や恋愛にも悩み、また性によって人生を大きく左右されながら生きてきました。

セクシュアリティはその人のすべてではないものの、アイデンティティにも大きくかかわる、その人を形づくる構成要素の一つです。

性教育にまつわる活動や発信をしていく中で、地元の友人・知人から連絡があり、実は性的マイノリティであることを打ち明けられることもありました。

安心して、自分の性のあり方を表明し、自分らしくいられるのが、特定のごく限られた地域や人だけではなく、皆さんと共に広げていき、また多様なセクシュアリティを前提とする社会を作れたら嬉しく思います。

染矢明日香

参考：ダイアン・J・グッドマン著，出口真紀子監訳，田辺希久子訳，「真のダイバーシティをめざして—特権に無自覚なマジョリティのための社会的公正教育」（2017）

【著者紹介】

染矢 明日香（そめや・あすか）

◉——NPO法人ピルコン理事長。
公認心理師。日本思春期学会性教育認定講師。思春期保健相談士。公衆衛生学修士。慶應義塾大学SFC 研究所上席所員。

◉——慶應義塾大学在学中にピルコンを設立。「これからの世代が自分らしく生き、豊かな人間関係を築ける社会の実現」をビジョンに、民間企業に勤めながら2013年ピルコンをNPO法人化。

◉——医療従事者など専門家の協力を得ながら、大学生・若手社会人のボランティアと共に中高生向け、保護者向けの性教育・ライフプランニングを学ぶ講座や啓発イベントを行なってきた。

◉——現在は、性教育についての講演や情報発信、性教育教材の開発や普及、性教育に関わるサイトやコンテンツの監修などを行う。また、政府への政策提言もしている。

◉——著書の『マンガでわかるオトコの子の「性」』マンガ：みすこそ、監修：村瀬幸浩（合同出版）は、４万部を超えるベストセラーになる。その他、『はじめてまなぶこころ・からだ・性のだいじここからかるた』監修:艮香織（合同出版)、監修書には『10代の不安・悩みにこたえる「性」の本』（学研プラス）、『性のモヤモヤをひっくり返す！ジェンダー・権利・性的同意26のワーク』（合同出版）などがある。

NPOピルコン：http://pilcon.org/
監修するサイト「セイシル」：https://seicil.com/

【マンガ】

みすこそ

◉——イラストレーター、漫画家、公認会計士。
染矢明日香と慶應義塾大学在学中に出会う。マンガ執筆を続けながら監査役などとして活動中。
著書『マンガでわかるオトコの子の「性」』監修：村瀬幸浩（合同出版）は染矢明日香と共著でマンガを担当、その他に『いつか、菜の花畑で～東日本大震災をわすれない～』（扶桑社）がある。

となりのLGBTQ+《エルジービーティーキュープラス》

2025年2月3日　　第1刷発行

著　者――染矢　明日香＋みすこそ
発行者――齊藤　龍男

発行所――株式会社かんき出版
東京都千代田区麴町4-1-4 西脇ビル　〒102-0083
電話　営業部：03(3262)8011㈹　編集部：03(3262)8012㈹
FAX　03(3234)4421　　　振替　00100-2-62304
https://www.kanki-pub.co.jp/

印刷所――新津印刷株式会社

　ISBN978-4-7612-7786-4 C0036